Buchners Schulbibliothek der Moderne

JENNY ERPENBECK
GESCHICHTE VOM ALTEN KIND

TEXT & KOMMENTAR

Buchners Schulbibliothek der Moderne
Herausgegeben von Karl Hotz

Heft 31

Jenny Erpenbeck
Geschichte vom alten Kind

Kommentiert von Inge Bernheiden.

Lektoriert von Gerhard C. Krischker.

1. Auflage 1 ³ ² ¹   2011 2009 2008
Die letzte Zahl bedeutet das Jahr dieses Druckes.
Alle Drucke dieser Auflage sind, weil untereinander unverändert,
nebeneinander benutzbar.

© C. C. Buchners Verlag, Bamberg 2008
Das Werk und seine Teile sind urheberrechtlich geschützt. Jede Nutzung
in anderen als den gesetzlich zugelassenen Fällen bedarf der vorherigen
schriftlichen Einwilligung des Verlages. Das gilt insbesondere auch für
Vervielfältigungen, Übersetzungen und Mikroverfilmungen.
Hinweis zu § 52a UrhG: Weder das Werk noch seine Teile dürfen ohne
eine solche Einwilligung eingescannt und in ein Netzwerk eingestellt
werden. Dies gilt auch für Intranets von Schulen und sonstigen Bildungs-
einrichtungen.
© für die Erzählung: Eichborn AG, Frankfurt am Main 1999

Einbandmotiv: Paula Modersohn-Becker (1876–1907)
«Kind mit Uhrgewicht»

Gesamtherstellung: Pustet, Regensburg

www.ccbuchner.de

ISBN 978 3 7661 **3981** 8

Inhalt

Vorwort 4

Der Text
Jenny Erpenbeck: Geschichte vom alten Kind 5

Text und Kommentar
Erste Leseeindrücke 66
Die Textanalyse 66
　Der Aufbau 67
　Die Zeitgestaltung 68
　Die Personenkonstellation und Personencharakteristik .. 68
　Das Erzählverfahren 74
　　1. Der Erzähler und sein Erzählen 74
　　2. Sprachliche Mittel 76
Lesarten des Textes 78
　Die historische Lesart 78
　Die Zeitparabel 79
　Die politische Parabel 81
　Die Identitätsproblematik 82
　Der Mutter-Tochter-Konflikt 83
Zur Entstehungs- und Rezeptionsgeschichte 85

Zeittafel / Werkübersicht 86

Literaturverzeichnis 87

Vorwort

Dies ist die ergreifende Geschichte eines vierzehnjährigen Mädchens, das in ein Kinderheim eingewiesen wird und den Wunsch hat, dort – bei aller Andersartigkeit zu seinen Klassenkameraden und -kameradinnen – eine geordnete und glückliche Kindheit zu leben. Es ist der Versuch, Geschichte und Geschehenes auszublenden und noch einmal neu zu beginnen.
Der Leser wird Zeuge eines Ringens um Akzeptanz bei den Gleichaltrigen und der Suche nach Geborgenheit. Besonders für Heranwachsende eine ebenso spannende wie geheimnisvoll verbleibende Geschichte.

Der Herausgeber,
Weimar im Frühjahr 2008

FÜR MEINE MUTTER

Als man es gefunden hat, stand es des Nachts auf der Straße, mit einem leeren Eimer in der Hand, auf einer Geschäftsstraße, und hat nichts gesagt. Als die Polizei es dann mitgenommen hat, ist es von Amts wegen gefragt worden, wie es heiße, wo es wohne, die Eltern wer, das Alter welches. Vierzehn Jahre alt sei es, antwortete das Mädchen, aber seinen Namen wußte es nicht zu sagen, und auch nicht, wo es zu Haus war. Die Polizisten hatten anfangs Sie zu dem Mädchen gesagt, aber jetzt sagten sie Du. Sie sagten: Du mußt doch wissen, woher du gekommen bist, wo du vorher gewesen bist, bevor du dich hier auf die Straße gestellt hast mit deinem leeren Eimer. Das Mädchen konnte sich einfach nicht daran erinnern, es konnte sich an den Anfang nicht erinnern. Es war ganz und gar Waise, und alles, was es hatte und kannte, war der leere Eimer, den es in der Hand hielt, noch immer in der Hand hielt, während es von der Polizei befragt wurde. Einer der Polizisten versuchte, das Mädchen zu beleidigen und sagte: Alles im Eimer, was. Aber das Mädchen merkte gar nicht, daß es beleidigt hatte werden sollen, und antwortete einfach: Ja.

Nachforschungen ergaben nichts. Zwar war das Mädchen in seiner ganzen Größe und Dicke vorhanden, was jedoch Herkunft und Geschichte anging, war es derart von Nichts umgeben, daß seiner Existenz von Anfang an etwas Unglaubliches anhaftete. Das Mädchen war übrig. Also nahm man ihm seinen Eimer weg, faßte es bei der fleischigen Hand und gab es im Kinderheim ab.

Das Mädchen hat ein großes, fleckiges Gesicht, das aussieht wie ein Mond, auf dem Schatten liegen, es hat breite Schultern wie eine Schwimmerin, und von den Schultern abwärts ist es wie aus einem Stück gehauen, weder ist eine Erhebung dort, wo die Brüste sein müßten, noch eine Einbuchtung in Höhe der Taille. Die Beine sind kräftig, auch die Hände, und dennoch macht das Mädchen keinen überzeugenden Eindruck, das mag an seinem Haar liegen. Dieses Haar ist weder lang noch kurz, im Nacken ist es ausgefranst, und weder ist es braun, noch auch wirklich schwarz, es ist allenfalls so schwarz wie ein Fahnentuch, das zu lange in der Sonne gehangen hat und davon ganz ausgeblichen ist, manchmal erscheint es beinahe grau. Das Mädchen bewegt sich langsam, und wenn es sich einmal nicht langsam bewegt, erscheinen kleine Schweißtropfen auf dem Rücken seiner Nase. Das Mädchen weiß, daß es zu groß geraten ist, deshalb zieht es den Kopf ein. Es beugt seinen Leib, als müsse es auf diese Weise eine große Kraft zurückhalten, die in seinem Innern wütet.

Das Kinderheim, in dem die Polizei das Mädchen abgegeben hat, ist das größte der Stadt. Es liegt im äußersten Bezirk dieser Stadt, dem Bezirk, der an den Wald grenzt, es besteht aus mehreren Gebäuden, die über ein weites und unübersichtliches Gelände verteilt sind. Da gibt es Wohngebäude, einen Kindergarten, eine Schule für die unteren und eine für die höheren Klassen, außerdem ein Küchenhaus, eine Sporthalle, einen Festsaal, einen betonierten Platz, ein Fußballfeld, und Schuppen, in denen verschiedene Werkstätten untergebracht sind – dort sollen die Schüler lernen, hart zu arbeiten, wie das Leben es von ihnen verlangen wird. Um all das ist ein Zaun gezogen, ein Zaun mit einem einzigen Tor, das von einem Pförtner beaufsichtigt wird, mit dem muß man sprechen, wenn man aus dem Heim hinaus oder ins Heim hinein will. Durch dieses Tor kommen am Wochenende die verwahrlosten oder wohlsituierten Eltern zu Besuch, weinende und nicht weinende Eltern, für manche Kinder allerdings kommen durch dieses Tor weder verwahrloste noch wohlsituierte, noch weinende, noch sonst irgendwelche Eltern. Durch dieses Tor kommen auch Fremde, die Eltern werden wollen, sie kommen, um Kinder zu beschauen, aber für manche Kinder kommen auch diese nicht. Es gibt Kinder, so unrein, so riesig oder rauh, daß sie nicht einmal abgewiesen werden müssen, man sieht sie gar nicht erst an, weil sie nicht durch das Sieb passen, das für die Auswahl gewebt ist. Sie sind da, aber sehen kann man sie nicht. Zu diesen wird zweifellos das Mädchen gehören. Dennoch wirkt seine Unsichtbarkeit, als sei sie von prinzipieller Natur – die ganze Gestalt des Mädchens ist so verbogen, selbst sein Gehen ist verbogen, daß jeder, der es bei der Hand fassen wollte, förmlich in ein Nichts hineingreifen würde.

An diesem noch warmen Tag im Herbst wird es also ganz ruhig über den mit Rasen spärlich bewachsenen Sportplatz gehen können, auch wenn an dessen Rändern die Eltern oder die, welche

Eltern werden wollen, auf den hölzernen Bohlen sitzen, mit denen der Platz eingefaßt ist. Denn zwar heften die Eltern oder die, welche es werden wollen, ihre Augen auf diesen Platz und beobachten ihre Kinder oder die, welche es werden sollen, bei verschiedenen Spielen – das Mädchen jedoch bemerken sie nicht, als sei es gefeit gegen ihre Blicke. Niemand von den verwahrlosten und weinenden und anderen Eltern, noch einer von den Fremden, die Eltern werden wollen, wird sehen, wie es über den Platz geht. So hat es sich das gedacht. So wie andere danach streben, aus einem umzäunten Gebiet, aus Gefängnis, Arbeitsanstalt, Irrenhaus oder Kaserne auszubrechen, ist das Mädchen genau im Gegenteil in ein solches umzäuntes Gebiet, in ein Kinderheim eben, eingebrochen, und es besteht kaum eine Wahrscheinlichkeit, daß jemand auf die Idee kommen wird, es wieder zum Tor hinauszuführen, es zurückzureißen in die Welt.

So geht es also mit großer Gelassenheit über diesen Platz und nagt, während es über den Platz geht, an seinem Fingernagel. Und als gleich am ersten Tag, während es über den Platz geht und an seinem Fingernagel nagt, ein Kleiner es anrempelt, so daß es fast fällt und sich mit der Hand auf dem Boden abstützen muß, beginnt es zwar, einen kleinen Moment lang zu schluchzen, aber es tut das nicht ungern. Denn daß ein Kleiner es anrempelt, damit es in den Dreck falle, und so sehr anrempelt, daß es schluchzen muß, weckt in dem Mädchen die Hoffnung, daß ihm verstattet sein wird, einen der unteren Plätze in der schulinternen Hierarchie zu belegen, womöglich sogar den untersten, und der unterste Platz ist immer der sicherste, nämlich genau der, dessen Ansprüchen es auf jeden Fall wird standhalten können. So wischt es sich nicht einmal den Dreck von der Hand, sondern geht weiter und schluchzt noch ein bißchen und beginnt dann wieder an seinem Fingernagel zu nagen, der nun beschmutzt ist.

Als man es zum ersten Mal in sein Zimmer geführt hat, das in der Hauptsache ein Schlafraum ist, den es mit drei anderen Mädchen zu teilen hat – das war einer der glücklichsten Momente in seinem Leben. Es gab keinerlei Unordnung in diesem Zimmer – nur vier Betten, ein jegliches an einer der vier Wände, alle vier sauber hergerichtet, und daneben je einen Stuhl und einen blechernen Spind. In den Spind gehört das Kleiderbündel für die Woche, auch die Schulbücher und Hefte gehören da hinein, und die wenigen persönlichen Dinge, die ein Kind sammelt oder, wenn es genug erspart hat, sich von seinem Taschengeld erwirbt. Letztere werden einem solchen sparsamen Kind allerdings häufig wieder gestohlen. Die Spinde können nicht abgeschlossen werden, das ist eine Frage des Prinzips. Es geht um das kameradschaftliche Zusammenleben. Alle Sachen, welche das Kind bei seiner Einlieferung mitgebracht hat, muß es abgeben. Sie werden weggeworfen, denn das Heim macht einen ganz neuen Anfang.

In dem Raum ist zu dieser Zeit keines der anderen Mädchen, denn es ist noch nicht Schlafenszeit, und der Raum darf erst zur Schlafenszeit betreten werden. Er ist kein Aufenthaltsraum. Die Erzieherin spricht, das Mädchen schweigt und nickt, es darf in den Spind hineinsehen, in dem schon alles so angeordnet ist, wie es von nun an sein soll. Einen Moment lang muß es an seinen Eimer denken, der beim Hin- und Herschaukeln immer einen leisen Klagelaut von sich gegeben hat. Dann soll es ausziehen, was es am Leibe hat. Es setzt sich auf den Rand seines Bettes und beginnt, die Hose auszuziehen, dann die feinen, aber zerrissenen Strumpfhosen, die es darunter trägt, und es kreuzt die Arme über dem Kopf, um sich seines verfilzten Wollpullovers zu entledigen, der viel zu eng ist, erstaunlicherweise kreuzt es dazu die Arme über dem Kopf, wie eine Frau. So zieht sich das Mädchen aus bis auf ein angegrautes Hemdchen und einen angegrauten Schlüpfer, dann steht es auf und folgt der Erzieherin nach, die ihm winkt. Die Erzieherin geht über den mit Linoleum belegten, fensterlosen Flur bis zum Waschraum, das Mädchen folgt ihr. Im Waschraum gibt es dann noch sein Hemdchen her, und steigt aus dem Schlüpfer, dazu balanciert es auf einem Bein, duckt sich und blickt dabei zu der Erzieherin, die neben ihm steht und die ordnungsgemäße Wandlung verfolgt, auf. Die Erzieherin hat die anderen Sachen des Mädchens über ihren Arm gelegt, nun legt sie noch das Hemdchen und den Schlüpfer dazu. Jetzt, wo es nackt ist, sieht das Mädchen einem Holzkloben nicht unähnlich. Es richtet sich auf und tritt unter die Dusche. Es beginnt, sich zu waschen. Endlich kann es den Dreck von sich abwaschen, der seinen ganzen Körper bedeckt, den Dreck, wie er sich im Laufe der Zeit auf einem Körper ansammelt.

Nach dem Waschen übergibt die Erzieherin dem Mädchen das Kleiderpäckchen für die Woche. Die Kleidung gibt es auf Zuteilung aus der Kleiderkammer, es sind alles Sachen aus zweiter, dritter, vierter Hand, aber gewaschen sind sie, und der Größe des jeweiligen Kindes angemessen. Das Mädchen schlüpft in diese ihm zugewiesene Kleidung. Während in Pullover, Hosen und Röcke eine Nummer eingenäht werden wird, die anzeigt, daß diese Sachen nun dem Mädchen gehören, solange sie ihm passen, gelten die Schlüpfer und Unterhemden wie auch die Nachthemden als ‹Wäsche›, das heißt, ein Kind bekommt pro Woche einen Schlüpfer und ein Unterhemd und ein Nachthemd aus der allgemeinen Wäschelieferung, die Leibwäsche ist gleichsam die Wäsche für einen einzigen großen Kollektivleib, und wem das nicht gefällt, der wird mit Madame angeredet, und es nützt ihm doch nichts. Das Mädchen muß aber gar nicht erst mit Madame angeredet werden, denn es ist ganz einverstanden mit dieser Regelung für die Wäsche, es kennt auch die schöne Aufforderung: Keine falsche Scham!, an die erinnert es sich im Zusammenhang mit dieser Wäscheregelung. Jedenfalls rückt dieser kollektive Schlüpfer einiges, das in Unordnung war, wieder in die Ordnung, so ein Gefühl hat das Mädchen.

Als es dann in einem solchen Zustand angelangt ist, angetan mit ebender zugeteilten Kleidung wie alle andern hier und in dem gleichen Grade sauber wie alle anderen, blickt es sich nach einem Spiegel um. Es will sich selber in seinem neuen Leben betrachten, will sehen, ob sich sein Gesicht verändert hat infolge des Beginns dieses neuen Lebens, muß aber feststellen, daß es in seinem Zimmer keinen Spiegel gibt. Es wird umhergehen und bemerken, daß weder auf der Toilette noch auf irgendeinem Flur, noch irgend sonst in dem Heim ein Spiegel angebracht ist. Es wird schließlich, schon wie im Vorgefühl einer Schuld und deshalb so beiläufig als möglich, nach einem Spiegel fragen und daraufhin erfahren, daß Eitelkeit eine der sieben Todsünden ist, Madame. Und obgleich der Vorwurf, der in dieser Antwort enthalten ist, davon zeugt, daß die Erzieherin vollkommen blind ist für die Natur der Gründe, die das Mädchen nach einem Spiegel haben suchen, ja schließlich sogar fragen lassen, erhellt die Entgegnung doch das Prinzip, von dem diese umzäunte Anstalt durchdrungen ist, und keinen glücklicheren Zustand kennt das Mädchen als jenen, in den der Anblick der Architektur eines Prinzips es versetzt. Keinen helleren und schöneren Anblick kennt es.

Das Mädchen erinnert sich an die Zeit der Spiegel, als es,

zunächst mit Beunruhigung, später mit Interesse, und schließlich
mit Befriedigung, ja geradezu einer Art Stolz wahrnahm, daß sein
Gesicht über lange Zeit hinweg ganz und gar unverändert aussah,
so als würde dessen runde, fleischige Form das Alter abweisen.
Das Mädchen hatte daraufhin begonnen, Versuche in Hinsicht
auf diese Unveränderbarkeit anzustellen. So zum Beispiel hat es,
wenn ein Grund vorlag, um zu weinen, diesen Grund wahrgenommen und ausgiebig geweint, und nach dem Weinen schnell in
den Spiegel gesehen. Und siehe, weder waren seine Wangen ein-
gefallen von der Anstrengung des Weinens, noch war seine Haut
porös geworden, noch hatten sich Schatten um seine Augen
gelegt. Es konnte also weinen, soviel es wollte, und dennoch ganz
sicher sein, daß das Weinen keine Spuren in seinem großen
Gesicht hinterlassen würde. Ein andermal hat es jemanden an-
gelogen, und hinterher in einem Spiegel nachgesehen, ob sein
Gesicht sich in das Gesicht einer Lügnerin verwandelt hat, aber
entweder war sein Gesicht schon von Anfang an das Gesicht
einer Lügnerin gewesen, oder es hat sich von der Lüge einfach
nicht verändert, obgleich es vor der Lüge nicht das Gesicht einer
Lügnerin war und danach dasselbe Gesicht, aber nun das Gesicht
einer Lügnerin. Auch, nachdem ihm einmal jemand unverhofft
ein sehr schönes ledernes Portemonnaie geschenkt hatte, in welches der schiefe Turm von Pisa geprägt war, hat es in den Spiegel
geblickt, aber die Freude ist dem Gesicht nicht anzusehen gewesen. Diese Beobachtung der Beständigkeit seines Gesichtes, die
zur Folge hatte, daß sich das Mädchen daran gewöhnte, häufig in
den Spiegel zu sehen, ist wohl kaum mit dem Begriff Eitelkeit zu
fassen, aber nun war einmal die Ansicht, daß Eitelkeit eine der
sieben Todsünden sei, als Grund dafür angegeben worden, daß es
innerhalb dieses Heims keine Möglichkeit gab, sich zu spiegeln,
und das Mädchen nahm mit Dankbarkeit zur Kenntnis, daß für
es wie für alle anderen ein und dieselben Gründe galten, das und
das gutzuheißen oder das und das nicht gutzuheißen. Befreit von
der Kontrolle über sein Gesicht, es schlichtweg vergessend, tritt
das Mädchen also ein in die helle Architektur des Prinzips, die es
einen Moment lang hat schauen dürfen.

Als es in die Klasse gekommen ist, und alle haben neben ihren
Bänken gestanden, und es selbst hat neben der Lehrerin gestan-
den, ganz vorn, war es sich vorgekommen wie Gulliver bei den
Zwergen. Es hat sich umgesehen und bemerkt, daß es auf alle

Köpfe herabschauen kann. Da hat es gewußt, daß es zu groß ist. Es hat seinen Kopf eingezogen und darauf gewartet, daß die Lehrerin ihm einen Platz zuweise. Die Lehrerin hat es auf den einzigen noch freien Platz gesetzt, auf den Platz neben einem Jungen mit einem sehr grobschlächtigen Gesicht. So ist der Gegensatz nicht ganz so groß gewesen, und die anderen haben sich beruhigen können, und haben anfangen können zu glauben, daß dieses Mädchen die Neue sei. Die Mädchen konnten auf einen Blick sehen, daß es sich hierbei um keine Schönheit handelt, durch welche die feingesponnene Hierarchie in Unordnung gebracht würde, weil jenes gewaltige Geschöpf in dem Moment, da es sich setzt, sofort wie ein bleierner Bodensatz auf den Grund der Ordnung sinkt, und die Jungen wußten, daß sie einen Fang gemacht hatten, daß da Futter für etliches Gelächter ihnen ins Maul hineinspaziert war, und das freute sie. Aus dem lächelnden Schweigen seitens der Klassenkameraden, das auf seine Plazierung folgt, wagt das Mädchen zu schließen, daß seine Unbeholfenheit offenbar hinreichend ist, ihm trotz seiner Größe einen Platz in der achten Klasse zu verschaffen, womöglich sogar den untersten, und da ist es erleichtert. In diesem Augenblick hört man, wie irgendwo eine Tür leise geschlossen wird, und dem Mädchen kommt es so vor, als sei das alte Leben jetzt von ihm gewichen.

Der Unterricht nimmt seinen Fortgang, das Mädchen aber sitzt still, und die ganze bleierne Beschriftung seines Gehirns fällt nun in den blauen Himmel hinein, der vor den Schulfenstern steht, jedes Wort und jeden Gedanken läßt es los, bis es schließlich einfach dasitzt und ganz leer ist, und man mit Recht von ihm sagen könnte: Es ist ein unbeschriebenes Blatt.

Das großgeratene Kind beginnt, dem Unterricht zu folgen, dem Mathematik-Unterricht einer achten Klasse zum Beispiel: Wenn x gleich y, steigt die Gerade in einem Winkel von fünfundvierzig Grad an. Das Mädchen lauscht, was gesagt wird, und lauscht, was gedacht wird, lauscht auf all das, was in dem Mathematik-Unterricht einer achten Klasse gesagt wird und gedacht wird. Irgendwoher kennt es diese Gerade, die in einem Winkel von fünfundvierzig Grad ansteigt, und doch ist es erstaunt, ihr auf dieser Seite des Diagramms wieder zu begegnen. Irgend etwas muß jetzt spiegelverkehrt sein, oder spiegelverkehrt gewesen sein. Dem Mädchen scheint, es müsse irgendwann die Seite gewechselt haben, aber wann, das kann es nicht sagen. Mit dem Kopf durch die Wand, würden Erwachsene das wohl nennen.

Das Mädchen nimmt den Füllfederhalter und erwartet die Schrift. Es muß nicht lange warten. Die Buchstaben beugen sich still nach links, wie gegen einen unsichtbaren Widerstand, die n's richten ihre geschleiften Hügel wieder auf, die doppelten Unterstreichungen mittels Lineal finden sich ein, wonnevoll. Der Auftritt der verlorenen Zeit: auf einem Teppich aus blauer Tinte. Der Lehrer hebt das Heft an beiden Ohren in die Höhe und sagt: So ist es gut.

Auf dieser Seite des Diagramms ist es üblich, daß man den Arm hebt, wenn man etwas zu sagen hat. Ob man sprechen darf, liegt dann im Ermessen des Lehrers. Der Mathematiklehrer will das Mädchen in der ersten Stunde schonen, damit es sich eingewöhnen kann, aber als sich gegen Ende der Stunde dessen dicklicher Arm langsam in die Höhe hebt, gibt er ihm das Zeichen, daß es sprechen darf. Zum ersten Mal spricht das Mädchen im Kreis seiner neuen Gefährten, es gibt Antwort auf eine leichte Frage des Lehrers, und die Antwort ist falsch. Macht nichts, sagt der Lehrer, und lächelt das Mädchen besonders freundlich an, denn zum ersten Mal hat es gewagt zu sprechen, mit einer Stimme, so leise, so dünn, einer süßen Stimme, einem Stimmchen, das dafür gemacht scheint, auf erbarmenswerte Weise die falsche Antwort zu geben. Daß es diese falsche Antwort aber absichtlich gibt, daß es sie gleichsam bei seinen Klassenkameraden gestohlen hat, käme niemandem in den Sinn, spürbar ist nur eine gewisse Fadenscheinigkeit in der Art, wie es spricht, aber da im Unterricht jeder stiehlt, so gut er kann, da hier die Blicke aller in betrügerischer Absicht fadenscheinig nach vorn gerichtet sind, auf den Lehrer, darum wird das Stimmchen mit Grinsen quittiert, und der Unterricht nimmt sogleich seinen Fortgang.

Es hat wohl Zeiten gegeben, da galt auch für das Mädchen eine schlechte Note als etwas Schlechtes, das aber muß lange her sein. Inzwischen weiß es, daß die Schule der Ort ist, an dem geirrt werden muß, damit er überhaupt einen Sinn hat, die Schule ist der Ort der Berichtigung, und keine schlechte Note zieht etwas Wirkliches nach sich, ganz und gar unwirklich sind die Noten, Zeichen für unsichtbaren Kopfinhalt. Und wenn es seitens der

Lehrer dann mahnend heißt, man lerne nicht für die Schule, sondern für das Leben, bestätigt dies nur einmal mehr die Zuversicht des Mädchens, daß Schule und Leben zweierlei sind. Alles, was ihm hier geschehen kann, wenn solche Vorkommnisse sich häufen, ist, daß der Lehrer es irgendwann aufgeben wird, daß er nicht umhin können wird zu bemerken, daß die Fähigkeit des Mädchens, zu vergessen, größer ist als seine Fähigkeit, den Lernstoff einer achten Klasse, zum Beispiel in Mathematik, in seinem Kopf aufzubewahren, um mit diesem Kopf dann planmäßig in eine neunte Klasse fortzuschreiten. Und was für die anderen ein Schrecken ist – denn nicht versetzt zu werden, bedeutet, ein Jahr länger in dieser Anstalt fristen zu müssen –, das eben ist für das Mädchen ein gelungener Streich. So wie es dem Lernstoff seine Freiheit zurückgibt, indem es ihn vergißt, so möchte es auch selbst seine Freiheit erlangen, indem die Lehrer von ihm sagen: Die kannst du vergessen. Welche Gnade, aufgegeben worden zu sein. Welche Gnade, auf den Rücken der Mitschüler zu blicken, die unter Schweiß und Kälte sich voranarbeiten, weil sie, wenn auch ungern, Schule und Leben durchaus in einem Zusammenhang sehen. Welche Gnade, ihrem Kampf ruhigen Herzens beiwohnen zu können. Und indem scheinbar wirkliche Dummheit, Dummheit, die beinahe größer ist, als es selbst die Dummheit derjenigen sein dürfte, die immerhin die unterste Position in der Hierarchie einnimmt, der Grund dafür ist, daß das Mädchen von Lehrern wie von Schülern aufgegeben wird – denn offensichtlich ist es weder faul, noch weigert es sich aus bösem Willen, noch glaubt es, es sei etwas Besseres, nein, nur dumm ist es –, insofern endet selbst im Zustand des Aufgegebenseins nicht seine Zugehörigkeit zu den anderen, die im Gegensatz zu ihm ihren Geist unter großer Anstrengung vorantreiben. Gerade sein Spaziertempo läßt die Erfolge der anderen erst in ihrer ganzen Bedeutsamkeit hervortreten, und es spaziert ja nicht hinter ihnen her aus Faulheit oder aus bösem Willen, noch, weil es glaubt, es sei etwas Besseres, sondern eben nur, weil es nicht schneller kann, weil bei ihm, wenn es nur drei Schritte tut, bereits Schweißtropfen auf dem Rücken der Nase erscheinen und anzeigen, daß das Äußerste erreicht ist. Und gerade weil man es aufgegeben hat, und weil das Mädchen keinerlei Anlaß zu Neid und Kampf gibt, kann man über es lachen, man kann es auch schubsen, daß es fast zu Boden fällt, schon aus purer Freude darüber, daß durch das Mädchen der Gegensatz so deutlich geworden ist zwischen denen, die vorankommen im Leben, und diesem Mädchen, das einfach zu dumm ist, um voranzukommen. Und da das Mädchen mindestens ebenso dankbar ist für diesen Gegensatz, nur von der anderen Seite her, empfindet es in dem Moment, in dem es geschubst wird, so daß es fast zu Boden fällt, und in dem es vielleicht sogar ein wenig schluchzt, eine sehr große Beruhigung darüber, daß es diesen untersten Platz einnimmt, den niemand ihm streitig macht, einen Platz, den es nicht unter übergroßer Anstrengung erringen und halten muß, sondern einfach durch gründliches Vergessen und daraus folgende gründliche Dummheit, durch Sich-Schubsenlassen und ein wenig Schluchzen. Die anderen wissen zwar, was das Leben ihnen schuldig ist: Das Leben ist ihnen die Freiheit schuldig, und die Freiheit ist außerhalb dieser Anstalt – das Mädchen aber weiß, daß in Wahrheit die Freiheit das ist: nicht selber schubsen zu müssen, und diese Freiheit gibt es in der Anstalt, und nirgends sonst. Und wenn es sich nur schubsen läßt, wird es seinen Platz in der Anstalt haben auf immer, und wird nicht fortschreiten müssen, nicht einmal in die neunte Klasse.

Zum Beispiel kann es sein, daß das Mädchen im Deutschunterricht sitzt, und die Lehrerin die Kinder nach dem Puntila fragt, der hätte gelesen werden sollen, nach dem Puntila von Bertolt Brecht. Die Lehrerin ist eine junge Frau mit blondgebleichtem Haar, von der unter den Schülern das Gerücht geht, sie treibe sich nach Unterrichtsschluß in den Baracken der Bauarbeiter herum. Hin und wieder erzählt sie von einem Bekannten, und hin und wieder erscheint sie morgens mit geröteten Augen im Unterricht. Chronische Bindehautentzündung, sagt sie. Jetzt hat sie die Kinder nach dem Puntila gefragt, woraufhin das Mädchen ganz still auf seinem Platz sitzt und den Kopf einzieht. Jemand anderer würde entweder sagen: Ja, ich habe ihn gelesen, den Puntila, und ich weiß, wer Bertolt Brecht ist. Dann würde von der Lehrerin genauer nachgefragt werden, und es würde sich wahrscheinlich herausstellen, daß es eine glatte Lüge war, und daß derjenige gar nichts weiß, weder vom Puntila noch von Bertolt Brecht, sondern es nur gesagt hat, damit er den Eindruck er sei fleißig hervorruft, das würde immerhin bedeuten, daß er clever wäre, oder er würde sagen: Nein, es ist so, ich kenne den Puntila nicht, und ich weiß auch nicht, wer Bertolt Brecht ist. Dann wäre das eine Frechheit, und würde bedeuten, daß derjenige keine Angst hat, also daß er zwar faul, aber doch mutig ist, und damit hat er ebenfalls keinen schlechten Stand, zumindest unter seinesgleichen. Natürlich können nicht alle entweder clever oder mutig sein, und es gibt einige, die sitzen ebenfalls still und ziehen den Kopf ein, aber sie können gar nicht so still sitzen und den Kopf so sehr einziehen wie das Mädchen, weil nämlich diese anderen durch ihr Stillsitzen und Kopfeinziehen bewirken wollen, daß sie von der Lehrerin übersehen werden und nicht drankommen. Das Mädchen aber will durch sein äußerst stilles Dasitzen und durch sein äußerstes Kopfeinziehen gerade bewirken, daß es drankommt, daß die Lehrerin nachfragt, warum es denn so derartig still dasitze, ob es denn etwa gar nichts, wirklich überhaupt gar nichts wisse über Puntila oder über Bertolt Brecht. Es zwingt die Lehrerin geradezu, es aufzurufen, seine Demutshaltung ist wie ein Sog, der den bösen Willen der anderen, den der Lehrerin eingeschlossen, auf sich zieht. Die Lehrerin wird nicht umhinkönnen, das Mädchen nach Puntila und Bertolt Brecht zu fragen, obgleich sie deutlich sehen kann, daß kein Mensch auf der ganzen Welt weniger über Puntila und Bertolt Brecht wissen wird als genau dieses unförmige Mädchen auf dieser Schulbank. Gerade deshalb wird sie es fragen, nämlich um es in eine peinliche Lage zu bringen. Sie wird das Mädchen dazu bringen, von Scham erstickt seine Schuld zu bekennen: Es ist so, nichts weiß ich, weder über Puntila weiß ich etwas, noch über Bertolt Brecht. Und auf diese Weise wird das Mädchen wiederum die Lehrerin dazu bringen, sich zu schämen, nämlich dafür, daß sie sich hat hinreißen lassen, es zu traktieren. Daß das Mädchen selbst sie mittels eines Soges förmlich gezwungen hat, es zu traktieren, weiß die Lehrerin natürlich nicht. Und deshalb wird, wo jeder andere eine Strafe dafür bekommen würde, daß er nichts wußte, das Mädchen keine Strafe bekommen. Die Lehrerin wird in dem Versuch, diese Milde vor sich selbst zu rechtfertigen, bei sich denken, daß das Mädchen auf eine so gründliche Weise unfähig ist, etwas zu wissen, daß keine Strafe an dieser Unfähigkeit etwas ändern würde, daß das Mädchen ein absolut verlorener Fall ist, und daß es das Richtigste sein wird, es aufzugeben.

Ich bin das Schwächste. Keines von den Findlingen, die mich umgeben, ist schwächer als ich.

Das Mädchen ist sehr ungeschickt. Es kann nicht einmal richtig laufen. Während es versucht, den Schulhof zu überqueren, stößt es an Ballspieler und Grüppchen, ein Kleiner grinst es an und fragt: Bist du die neue Lehrerin?, rülpst ihm ins Gesicht und hüpft davon. Das Mädchen flüchtet in einen Seiteneingang des Schulgebäudes und springt drei hölzerne Stufen aufwärts, bis es stocken muß wie vor einer Wand: Da steht auf dem Treppenabsatz ein Paar, das sich küßt, ein Wust von Haaren, Händen und Hosen. Plötzlich sieht es nichts mehr, es schaut hin, aber es kann nichts mehr sehen, nicht nur das Paar nicht, sondern auch sonst nichts, nicht das Treppenhaus, nicht die hölzernen Stufen, nichts vor sich, nichts hinter sich, nichts. Es reißt die Augen auf, aber es sieht nichts.

Das Mädchen weiß nicht, welche Worte es eintragen soll. Im englischen Text sind Pausen mit drei Punkten, und in diese Pausen gehört ein in die richtige Zeit versetztes Verb, aber das Mädchen kennt die richtige Zeit nicht. Also meldet es sich. Es ist des Lehrers Aufgabe, an die Bank des Mädchens zu treten, sich zu ihm niederzubeugen und ihm die Methode zu erklären. Das Mädchen sagt Ja und nickt, sagt Ach so, und folgt mit den Augen dem dicken haarigen Zeigefinger des Lehrers, wie er sich über das Papier schiebt. Und kaum wird der Lehrer sich wieder aufgerichtet und dem Mädchen mit einem ermutigenden Nicken den Rücken gekehrt haben, wird das Mädchen sich erneut melden, und es kann darauf rechnen, daß der Lehrer abermals zu ihm an die Bank tritt, sich hinabbeugt und Erklärungen abgibt, indem er seinen Zeigefinger über das Papier schiebt – für seine Geduld nämlich wird er bezahlt. Zwar gibt es Fälle, in denen die Dummheit eines Schülers wie Schikane aussieht und deshalb eine Nervosität, eine innere Ungehaltenheit des Lehrers hervorruft, die unter Kontrolle zu halten den Lehrer einige Anstrengung kostet, oder wenn es nicht Ungehaltenheit ist, so sind es vielleicht Zweifel an der eigenen Berufung, die den Lehrer befallen, wenn ein Schülerkopf schwer wie Blei ist, statt zu lernen, wie man vernünftig denkt. Weder die Nervosität jedoch, noch die Ungehaltenheit, noch der Selbstzweifel befallen den Lehrer, wenn er das Mädchen seinen Arm in die Höhe recken sieht. Nein – von Furcht und Mitleid geschüttelt sieht der Englischlehrer den Meldungen des Mädchens entgegen, und biegt sich dann dessen fleischiger Arm in die Höhe, wird er schleppenden Gangs an den Tisch des Mädchens treten, wird mit der allergrößten Geduld, oft sogar mit Tränen in den Augen, dort seine bereits hundertfach gegebenen Erklärungen ein weiteres hoffnungsloses Mal repetieren, indem er seinen haarigen Zeigefinger über die Pausen mit den drei Punkten schiebt und dazu langsam, ganz langsam, Englisch spricht, eine Sprache, die das Mädchen niemals, niemals verstehen wird, auch nicht, wenn jemand sie ganz langsam spricht. Im Lehrerzimmer wurde dem Englischlehrer sein Eindruck von den Kollegen bestätigt: Die Unfähigkeit des Mädchens erstrecke sich tatsächlich auf alle Fächer im gleichen Ausmaß, sie sei ebenso glaubwürdig wie unverbesserlich. Die würde sich ja ins eigene Fleisch schneiden, hat die Deutschlehrerin dazu angemerkt. Die chronisch armseligen Kenntnisse des Mädchens erzeugen in dem Englischlehrer eine Scham, ja ein Schuldgefühl, wie es jemand empfinden mag, der sich auf unlautere und daher uneinholbare Weise im Vorteil befindet. Er begreift sich in diesem Falle als Sieger wider Willen in einem für das Mädchen aussichtslosen Kampf. So entgeht ihm der durchaus zwingende Charakter dieses in die Höhe gereckten Mädchenarmes, es entgeht ihm, daß er diesem Ruf nicht nur folgt, sondern folgen muß, daß er von dieser mit Recht an ihn gestellten Forderung, Hilfe zu leisten, und dem gleichzeitigen Unvermögen, diese Hilfe leisten zu können, ganz zerrissen, das heißt also beherrscht ist. Und wie voll Blindheit geschlagen wird er, um seine vermeintliche Schuld zu übertünchen, der Deutschlehrerin bei einer anderen Gelegenheit forsch entgegentreten, indem er sagt: Das Mädchen da – bei der ist wirklich Hopfen und Malz verloren.

Während diese und andere Lehrer also der gleichsam gezielten Dummheit des Mädchens ohne weiteres erliegen, weil sie aus allzu beträchtlicher zeitlicher Entfernung, wie von hoch oben, auf diese achte Klasse hinabblicken, stellt sich die Situation aus der ebenerdigen Perspektive, das heißt, aus der gleichberechtigten Sicht der Mitschüler, durchaus anders dar. Nicht daß sie ihre Antworten nicht ebenso zusammenstehlen würden, um einen Lehrer zu entschärfen – außerhalb der Unterrichtsstunden aber erscheint der Fall in einem anderen Licht. Wie eine Herde, die unruhig wird, wenn der Bocksfüßige sich unter sie einschleicht, so riechen die Vierzehnjährigen den Betrug, sobald er sich auf sie selbst bezieht. Und während das Mädchen ohne weiteres bewirkt, daß die Erwachsenen von ihm sehen, was es will, das sie sehen sollen, und nicht mehr und nicht weniger, so legt es gegenüber den Gleichaltrigen eine echte Unsicherheit an den Tag, die aufreizend wirkt. Der gewaltige Körper des Mädchens befördert noch diese Unsicherheit, von der das Mädchen geschüttelt wird, dieser Körper ragt gleichsam über den Horizont hinaus, er sieht schwankender aus als die anderen vierzehnjährigen Körper, dieses Schwanken wird von den anderen wahrgenommen und als Provokation empfunden.

Ich bin in einem Gewirre. Niemand sieht mich an, ich weiß nicht, was ich getan habe. Diese schönen Kinder, mit ihrer Kinderhaut, mit ihren Kinderzähnchen, mit ihren Armbänderchen – sie schlagen das Tor vor mir zu. Warum spricht niemand mit mir?

Die heiseren Stimmen der heranwachsenden Knaben dringen auf das Mädchen ein, das an einem Ort fett geworden ist, den es nicht preisgeben will, sie fragen es: Wo bist du gewesen? Wo bist du vorher gewesen? Und das Mädchen beginnt, mit der Schere nach ihnen zu stechen. Es sticht mit der Schere ins Leere, denn die Jungen sind schneller. Vorn ist Unterricht, und hinten tobt der Kampf. Zwei Jungen packen das Mädchen bei den Armen. Es wehrt sich verzweifelt. Ein dritter versucht, ihm unter den Rock zu greifen. Das Mädchen zappelt. Schrilles Pausenklingeln. Das Mädchen reißt sich los, die Jungen stürmen davon, der Raum leert sich. Das Mädchen bleibt allein, die Schere noch in der Hand, und streicht den Rock wieder glatt. Es packt sein Zeug ein und geht.

Das Mädchen ist auf der Suche, es versucht zu sprechen, aber wie durch eine löchrige Dekoration scheint durch das Vokabular, an dem nichts eigentlich Falsches ist, immer eine schwarze, gähnende Leere hindurch. Alles, was aus seinem Mund herauskommt, sieht immer wie eine Lüge aus, auch wenn es gar keine Lüge ist, das Mädchen macht auf seinesgleichen immer den Eindruck, als könne es sich selbst nicht glauben, als könne es sich selbst nicht einmal eine Wahrheit glauben, und daraufhin hört die Wahrheit dann auf, wahr zu sein. Und wenn die Sache zu geringfügig ist, als daß es um Mißtrauen oder Vertrauen gehen müßte, dann tritt bei denen, an die sich das Mädchen wendet, Langeweile ein, auch diese Langeweile kommt hauptsächlich daher, daß man den Eindruck hat, das Mädchen werde durch das, was es gerade sagt, selbst am meisten gelangweilt, als würde alles, was durch seine Person hindurch muß, von diesem Durchgang beschmutzt oder erschöpft. Als Beschmutztes oder Erschöpftes tritt es dann wieder hervor, und macht einen ganz fremden Eindruck. Wie in einer chemischen Reaktion setzt das Mädchen einem Gedanken, der durch seinen Kopf geht, gleichsam eine unsichtbare Substanz zu und kehrt so das Vorzeichen dieses Gedankens um. Der Gedanke als Satz bleibt genau der, der er immer war, und doch wird in dem Moment, in welchem das Mädchen diesen Satz ausspricht, aus einem ehrlich gemeinten Gedanken ein verlogener und aus einem interessanten ein langweiliger. So versackt das meiste von dem, was das Mädchen äußert, sofort wieder, es zieht sich selbst an den Haaren in den Sumpf, kaum daß es erschienen ist, es verpflichtet niemanden dazu, ihm Glauben zu schenken, nicht einmal das Mädchen selbst, und das ist am schmerzhaftesten. Dem Mädchen liegen seine eigenen Sätze wie ein Haufen Schrott im Magen, sie können nicht festwachsen, und manchmal sieht es sogar an sich hinab, ob da nicht einer dieser Sätze aus ihm hinausspießt.

Ein Schleimer sei der Geographielehrer, meinen die andern. Das Mädchen hat an der Stelle, wo bei den anderen eine solche Meinung sitzt, eine Leere, und dennoch wird es in bester Absicht den Versuch unternehmen und, sobald es, mit den anderen dahinschlendernd, auf dem Gang dem Geographielehrer begegnet, und obgleich es weiß, daß an dieser Stelle, wo bei anderen eine Meinung ist, bei ihm diese Leere ist, anmerken wollen, daß dieser Geographielehrer ja, wo er gehe und stehe, eine Schleimspur nach sich ziehe. Das Mädchen will einfach nur das sagen, was jeder andere der Schüler in diesem Moment ebenfalls gesagt haben würde, es will seinen Beitrag leisten zur Festigung des Klassenverbandes, dem es angehört, aber da geschieht es natürlich, daß ihm selbst dieses bescheidene Unterfangen mißlingt: Seine süße Stimme versagt gleich zu Beginn des Satzes, sie läßt das Mädchen einfach im Stich, sang- und klanglos verweigert sie sich ihm und verwandelt sich öffentlich in eine brechende, in eine Fistelstimme. Nicht einmal die Stimme vermag Wurzeln zu schlagen in diesem Körper, der irreführenderweise einen stabilen Eindruck macht. Die anderen werden daraufhin, angewidert von der Minderwertigkeit, mit welcher das Mädchen ihre Meinung nachredet, ganz folgerichtig nach einer anderen Meinung sich umsehen.

Die Schulträume kommen wieder. Träume von Umkleideräumen, von überschwemmten Massentoiletten, von Schwimmhallen, in denen mir Haare in den Mund schwimmen. Auf- und zuschlagende Türen, ich merke plötzlich, daß mich jemand beobachtet, jemand glotzt über eine der halbhohen Pappwände, während ich neben das Becken pisse. Die Farben: Mintgrün und Weiß.

Dann hockt das Mädchen, in gebührendem Abstand von seinen Klassenkameraden, aber in der gleichen Haltung wie diese, am Fußboden, auf dem Gang vor einem Unterrichtsraum, mit dem Rücken gegen die Wand, und erwartet das Eintreffen des Chemielehrers. Im Moment ist die Minderwertigkeit der einzige Zusammenhang, welcher zwischen ihm und jenen besteht. Eben daß es unzulänglich ist, und seine Unzulänglichkeit deutlich zu spüren bekommt, ohne jedoch verstehen zu können, was diese Unzulänglichkeit ausmacht, daß es schuld ist, und diese Schuld anerkennt, ohne jedoch zu erkennen, worin sie besteht, daß es zu spät kommt, und sich dafür entschuldigt, jedoch nie erfährt, wozu es zu spät gekommen ist, all dies macht sein Verhältnis zu ihnen aus. Dort, wo es gerade ankommt, werden die anderen aufbrechen, dort, wo es ist, wird augenblicklich die Vergangenheit einsetzen, die anderen lassen es zu ihrem Amüsement zurück, aber es hängt ihnen nach, wie ein Echo.

Der Chemielehrer kommt und schließt das Versuchskabinett auf. Die Horde strömt ein, das Mädchen setzt sich an seinen Platz, neben den mit dem grobschlächtigen Gesicht. Der Chemielehrer postiert sich hinter seinem Versuchstisch und beginnt, Reagenzgläser zu schütteln, ihren Inhalt zu mischen, sie in die Höhe zu heben, und zu beschreiben, was vor sich geht. Er löst Natriumkarbonat in Wasser und bewirkt, indem er Phenolphtalein dazutröpfelt, unter den staunenden Blicken der Vierzehnjährigen eine Lilaverfärbung der Flüssigkeit, die doch zuvor glasklar gewesen ist. Nun wird er fragen: Woher die Lilafärbung?, aber niemand wird wissen, woher, gewispert wird werden und gekichert und um dem Chemielehrer Angst und Schrecken einzujagen, wird einer mit der Zunge seinen, womöglich durch Chemikalien verseuchten, Tisch ablecken. Das Mädchen macht während dieses Unterrichtes ein zufriedenes Gesicht, denn hier hat es nichts weiter zu tun, als jemandem zuzuschauen, der Natriumkarbonat in Wasser auflöst und Phenolphtalein dazutröpfelt, um eine Lilaverfärbung hervorzurufen, und dann einem, der seinen, womöglich verseuchten, Tisch ableckt, all dies bleibt folgenlos, und schon ist die Stunde um, und alle gehen hinaus, alle und das Mädchen.

Die anderen gehen, und während sie gehen, reden sie untereinander, das Mädchen lauscht. Die eine sagt zur anderen: Gehst du nachher essen? Und die andere antwortet der einen: Ach, der Fraß, den kann ich schon lang nicht mehr sehen, da ist mir jetzt schon schlecht. Das Mädchen verlangsamt seinen Schritt, läßt sich zurückfallen, und weiter hinten redet es eine Klassenkameradin an und sagt wie nebenher: Ich geh nachher nicht essen, diesen Fraß kann ich nicht mehr sehen, mir ist jetzt schon übel. Aber die Angesprochene sagt nicht etwa: Mir auch, oder: Ach, ich finde das Essen gar nicht so schlecht, oder: Ich muß essen gehen, obwohl es ekelhaft ist, ich bin ganz hungrig. All das sagt sie nicht, sondern sie starrt das Mädchen an, verzieht ihre Mundwinkel und geht weiter. Und dem Mädchen wird ganz heiß, als hätte es plötzlich große Angst, es schaut an sich hinab, und richtig: Da spießt ihm dieser Satz aus der Seite heraus, den es bei seinen Mitschülerinnen gestohlen hat.

Das Mädchen findet den Weg in die Küche. Es hat gemerkt, daß, wenn es lange genug auf seinen großen Füßen um die Küche herumlungert, es manchmal noch Reste bekommt, wenn alle Klassendurchgänge fertig gegessen haben und etwas übriggeblieben ist. Manchmal muß es dafür helfen, es muß zum Beispiel die leeren Kübel hinausrollen, damit sie abgeholt werden können, und obgleich es dabei sofort ins Schwitzen gerät, tut es das gern, denn es mag das Knirschen dieser Kübel draußen auf dem Sand. Dann darf es in die Küche hineinkommen und im Stehen seine Belohnung auslöffeln. Es löffelt und stiert dabei auf einen fleckigen Zettel, der auf die Kacheln geklebt ist, dieser Zettel enthält die Anweisungen des Hygieneamtes.

Den inneren Schweinehund soll man bekämpfen, sagt die Sportlehrerin am Ende jeder Sportstunde, nach dem Ausdauerwettlauf. Diesen Satz kennt das Mädchen, nur kann es sich nicht erinnern, woher, aber ganz sicher ist dieser Satz ihm schon einmal mit auf den Weg gegeben worden, als goldene Lebensregel. Das

Mädchen liebt den Sport, es findet ihn schön, denn im Sportunterricht ist die ganze Klasse einheitlich rot-weiß gekleidet, es werden Mannschaften gebildet, und diese Mannschaften sind dazu da, Mannschaftsgeist zu entwickeln. Das Mädchen besitzt großen Mannschaftsgeist, nur leider sein Körper ist nicht danach. Auf dem Schwebebalken schleicht es herum wie ein bleiches Stück Teig mit Kopf. Die Lehrerin muß wider Willen hinaufblicken. Sie muß das Tier bestaunen. Das Tier vollführt träge Tänze auf dem Schwebebalken. Der urzeitliche Übergang vom Wassers auf Land. Oder es läuft und läuft und läuft, und am Ende dieses langen Laufs ist es fahl wie Papier. Es weiß nicht genau, ob es jetzt umsinken muß, oder ob es das Umsinken noch verschieben kann, bis die Lehrerin Abtreten! gesagt hat, es versucht stehenzubleiben, um seiner Mannschaft keine Schande zu machen, aber wenn es sich dann doch auf das feuchte Gras plumpsen lassen muß, sagt die Lehrerin diesen Satz vom Schweinehund. Nach einigen Sportstunden stellt das Mädchen mit Bekümmerung fest, daß allein schon der gute Wille, den es für seine Mannschaft aufbietet, an seinen Kräften derartig zehrt, daß sogar eine Verschlechterung seiner körperlichen Fähigkeiten eintritt. Dieser gute Wille scheint in einem proportional genau umgekehrten Verhältnis zu dem zu stehen, was man durch ihn erreicht. Dieser gute Wille hängt an einem wie eine Fessel und behindert jedes Fortkommen. Das Mädchen hat den guten, ja den besten Willen, seiner Mannschaft keine Schande zu machen, aber statt dessen wird es von Woche zu Woche stetig langsamer. Es sagt sich, daß es vielleicht an der Lautstärke liegt, es läuft vielleicht einfach zu leise.

Auf dem Weg nach draußen, den Turnbeutel nachschleifend, bleibt das Mädchen im Vorraum der Turnhalle vor der Brandschutzverordnung stehen. Es studiert die Brandschutzverordnung, darüber vergißt es seine Erschöpfung, jedesmal nach dem Sportunterricht studiert es die Brandschutzverordnung, und wird dabei wieder ruhig. Indessen gehen die Klassenkameraden hinter seinem Rücken hinaus ins Freie, viele von ihnen schlürfen Milch aus Milchtüten, weil der Sportunterricht sie durstig gemacht hat, sie plappern, schwatzen und lachen, ihre Stimmen verschwinden durch die gläserne Tür, ein kalter Luftzug weht durch den Vorraum, und das Mädchen versucht, sich die Namen ins Gedächtnis zu rufen, die zu den Stimmen gehören, aber das gelingt ihm noch nicht. Es kennt seine Klassenkameraden noch nicht gut genug, es kann sich ihre Namen noch nicht merken.

Während es den Küchenfrauen hilft, die letzten Teller abzutrocknen, hört das Mädchen, daß im Essensaal jemand zugange ist, es steckt seinen Kopf durch die Luke, durch welche bis vor einer Stunde das Essen ausgegeben worden ist, und beobachtet den Hausmeister, wie er eine große Weltkarte aufhängt, er hängt sie verkehrtherum auf, mit der weißen Rückseite nach vorn. Ein zweiter Mann, den das Mädchen nicht kennt, verrückt indessen Stühle und Tische, dann heben beide zusammen einen großen Apparat auf einen der Tische. Zuletzt steigt der Hausmeister auf eine Leiter und verhängt die Fenster mit einem großen schwarzen Tuch, der andere Mann hilft ihm dabei. Beim Herunterklettern bemerkt der Hausmeister, daß das Mädchen ihn durch die Luke beobachtet. Er sagt: Paß auf, daß du deinen Kopf nicht so weit vorstreckst, sonst fällt das Schiebefenster herunter und schneidet dir den Hals durch. Er glaubt, daß das Mädchen jetzt lachen müsse. Dem ist nicht so. Er zeigt auf den Apparat und sagt: Kino. Heute ist Kino. Dann geht er hinaus in den Vorraum, um die Glastür aufzuschließen. Eine Menge Kinder kommen herein, sie haben schon draußen gewartet, alle kommen, auch alle Klassenkameraden des Mädchens, alle haben gewußt, daß heute Kino ist, nur das Mädchen nicht, denn niemand hat ihm Bescheid gesagt. Das Mädchen läßt seinen Teller stehen und kommt hinter der Luke hervor. Es schaut, wo noch Platz ist, sieht einen Tisch am Rand, auf dem schon zwei Kinder sitzen, und schlurft dorthin, ohne den Blick zu heben, es rückt in einer Regung von Glück auf den Tisch, das ist gar nicht so einfach. Dann wird es dunkel, und die Vorführung beginnt. Zuerst erscheint ein altes Holzhäuschen auf der Leinwand, dann wird ein Fensterladen des Häuschens von innen aufgestoßen, eine alte Bäuerin lehnt sich heraus und beginnt, ein Märchen zu erzählen. Nun verschwimmen Häuschen und Bäuerin, und es beginnt die eigentliche Geschichte. Es ist eine sehr traurige Geschichte, die da zu sehen ist, und das Mädchen fängt an zu weinen, es kann nicht anders, aber es weint leise, um die anderen nicht zu stören, Tränen tropfen von seinem Kinn herab auf die dicken Hände, die es im Schoß ineinander verknotet hält. So schaut es und schaut, und erst nach einer ganzen Weile bemerkt es, daß die anderen an genau den Stellen lachen, an denen es selbst weinen muß, einige sehen sogar überhaupt nicht hin, sondern schubsen und stoßen sich und sind guter Dinge. Das Mädchen hört jetzt auf zu weinen und beobachtet genau, was da im Dunkeln vor sich geht, dann wischt es sich so unauffällig als möglich die Tränen vom Kinn und beginnt sacht mit den Beinen zu baumeln. Eben erscheint wieder das Holzhäuschen auf der Leinwand, diesmal von innen, und man sieht einen Kampf. Einige Männer wollen die Bäuerin aus dem Haus hinaustreiben, aber die Bäuerin wehrt sich und ruft immer wieder: Nur mit den Füßen zuerst! Nur mit den Füßen zuerst! Daraufhin zieht einer der Männer eine Pistole und erschießt die Bäuerin. Jetzt trägt man sie auf einer Bahre aus ihrem Haus, mit den Füßen zuerst, und das Haus geht in den Besitz der Männer über. Wie diese Szene mit dem Märchen zusammenhängt, kann das Mädchen sich nicht erklären, aber es findet sie unglaublich komisch. Es versucht, die Zähne zu blecken, so wie die anderen, wenn sie lachen, aber das Lachen selbst, der Laut des Lachens, ist ihm nicht mehr geläufig. Der Kleine, der neben dem Mädchen sitzt, wird auf das heisere Röcheln aufmerksam, da verstummt das Mädchen.

Inzwischen ist die Nummer in sämtliche Kleidungsstücke des Mädchens eingenäht, seine Nummer ist 9912. Derjenige, der unmittelbar vor ihm ins Heim gekommen ist, hat also die Nummer 9911, und irgendein anderer, der nach dem Mädchen gekommen ist, die Nummer 9913, das ergibt eine ganz normale Reihe. Das Mädchen fügt sich, was die äußeren Abläufe, die das Leben im Heim bestimmen, glatt ein, vor allem aber ist seine innere Unterwerfung vollkommen, sein Gehorsam geradezu vorauseilend. Während die anderen Halbwüchsigen mehr oder weniger Talent haben, Anweisungen zu befolgen, scheint es sich bei dem Mädchen gar nicht um ein Befolgen zu handeln, es ist eher so, als wisse es von selbst, was es an einer solchen Ordnung hat. Wenn beispielsweise der Erzieher am Samstag, bei der allwöchentlichen Kontrolle, sämtliche Kleidungsstücke aus einem Spind herausreißt und zu Boden wirft, weil sie nicht Kante auf Kante gelegen haben, dann handelt es sich ganz gewiß niemals um die Kleidungsstücke des Mädchens. Und wenn der Erzieher den Delinquenten dann bei den Haaren zieht und ihm dabei zuflüstert: Alle habe ich ins Herz geschlossen, aber dich nicht!, dann handelt es sich gewiß nicht um die Haare des Mädchens. Das Mädchen steht in einem solchen Fall vor seinem Spind, in dem alle

Kleidungsstücke Kante auf Kante liegen, und blickt seitwärts auf das Geschehen.

Von den anderen wird eine solche Unfehlbarkeit als ein Verrat empfunden, weil ihr etwas Sklavisches anhaftet, und weil unter Sklaven nichts tödlicher ist, als wenn einer sich freiwillig benimmt wie ein Sklave. Dabei fällt der Ordnungsdrang des Mädchens durchaus zufällig mit den Maßgaben des pädagogischen Personals zusammen, hat jedoch einen ganz anderen Ursprung. Das Mädchen setzt seinen Kleiderstapel, den es durchschaut, in ein Verhältnis zu allem, was undurchschaubar und daher feindlich ist. Jegliche Unordnung ist feindlich, das fängt bei diesen Dingen an, welche, eben weil sie unordentlich in einem Schrank aufgehäuft sind, einem entgegenfallen, sobald man den Schrank öffnet, aber es endet in Fäulnis, Tod und Verwirrung, Dinge, an die zu denken das Mädchen sich weigert. Dem Ansturm dieser Feindseligkeiten hält das Mädchen stand, indem es seinen Kleiderstapel derart anordnet, daß er durchschaubar bleibt. So bewahrt es mehr als nur die eigene Ordnung, aber davon weiß bislang noch niemand. Und sollte nun auch der oder jener von den Dingen, die ihm aus seinem Spind entgegenfallen, erschlagen werden, oder von dem Erzieher, der einen solchen unordentlichen Spind bei der Kontrolle vorfindet, so ist dies als Äußerung des zerstörerischen Prinzips einfach nicht mehr glaubwürdig, seit es dem Mädchen gelungen ist, diesem zerstörerischen Prinzip einen, wenn auch noch so winzigen Flecken auf Dauer zu entreißen, und damit die Gleichzeitigkeit von Unordnung und Ordnung herzustellen. Diese Gleichzeitigkeit beraubt das Unheil, welches eben darin besteht, daß man gegen es nicht ankann, und zwar prinzipiell gegen es nicht ankann, seiner Existenz.

Aber eben dies, daß das Mädchen niemals einem Erzieher bei der Kontrolle aufgefallen ist, weil es niemals Unordnung anrichtet, gerade dies ist den Gleichaltrigen aufgefallen. Die Zimmergenossinnen haben nachgeforscht, und in den Spind gespäht. Dabei ist erstens heausgekommen, daß selbst mitten in der Woche, wenn gar keine Kontrolle ist, die Kleidungsstücke im Spind des Mädchens Kante auf Kante liegen, so als würde es seinen Spind gar nicht anrühren, als würde es die Dinge, welche darin liegen, überhaupt niemals benutzen, obgleich es sich ja jeden Tag ankleiden und sein Schulzeug umpacken muß. Und zweitens liegt nicht

mehr und nicht weniger in dem Spind als am ersten Tag, nichts
ist hinzugekommen, aus dem die anderen auf eine menschliche
Regung hätten schließen können. Die Türen des Spinds sind leer
und blechern wie am ersten Tag, kein Aufkleber, kein Foto,
kein Poster klebt da, obgleich die Heimleitung die Ausgestaltung
der Spindtüren gestattet – nichts, nichts, nichts. Geradezu un-
menschlich ist es den drei anderen erschienen, daß das Leben
des Mädchens dort, wo es stattfindet, keine Spuren hinterläßt.
Es muß ein Versteck geben, haben sie sich gedacht, und haben
angefangen, herumzuwühlen, aber es gab kein Versteck.

In der großen Pause am nächsten Tag greifen sich einige aus der
Klasse das Mädchen, und greifen den Sitzenbleiber mit dem fettigen Haar, den Auswurf der Klasse, und führen die beiden in
eine abgelegene Ecke des Hofs unter die Kastanien, hinaus aus
dem Blickfeld des beaufsichtigenden Lehrers. Dort legen sie
ihnen ein Fahrradschloß, steif wie ein Fangeisen, um die Hälse,
und schließen sie zusammen. Sie haben das Mädchen zwingen
müssen, sich zu bücken, denn selbst für einen solchen Scherz ist
es zu groß. Dann machen sie sich davon. Das Mädchen und der
mit dem fettigen Haar müssen da stehenbleiben, sie hören, wie
die trockenen Blätter der Kastanien zu Boden fallen.

Das Gewicht meines Lebens nimmt zu. Über mir errichte ich
einen prächtigen Palast. Mein Palast ist aus Stroh. Er steht auf
einem Hühnerfuß, das Huhn habe ich selber geschlachtet. Bei
Gewitter hört man noch, wie es schreit. Ich schmücke meinen
Palast. Er wird ein prächtiges Feuer abgeben.

Das Mädchen weiß, daß sein Körper eine Schuld ist, es will diese
Schuld gern abtragen, daher befolgt es die Gebote seiner Klassenkameraden aufs peinlichste. So stellt es sich gern mit ver-
schlossenen Augen mitten auf den Sportplatz, um zu warten, bis
die anderen sich versteckt haben und es rufen. Aber dann rufen
sie es gar nicht, und zwar nicht nur eine Viertelstunde lang nicht,
sondern mehrere Stunden lang nicht, zunächst, weil sie sich einen
Scherz erlauben, später auch aus schierer Vergeßlichkeit, das
Mädchen aber bleibt diese Stunden über dort stehen, zunächst,
während man sich einen Scherz mit ihm erlaubt, und später,
während es einfach vergessen ist, und zwar aus dem Grund, daß
es sich starrköpfig weigert, ein Gebot zu übertreten, selbst wenn

es sogar dahinterkommt, daß man sich nur einen Scherz mit ihm erlaubt hat, daß das Gebot selbst ein Scherz war, und auch noch, wenn es mit an Sicherheit grenzender Wahrscheinlichkeit zu ahnen beginnt, daß aus schierer Vergeßlichkeit verabsäumt wurde, das Gebot aufzuheben. Und wenn es bemerkt, daß es sich verkühlen wird, wenn es noch ein kleines Weilchen länger dort steht, weigert es sich dennoch, das Gebot zu übertreten.

Also hat es an dem ihm angewiesenen Platz gestanden und ist nicht gewichen und hat sich folglich verkühlt. Und bei Einbruch der Dämmerung hat ein Erzieher es noch immer dort stehen sehen, und hat es angeschrien, ob es blödsinnig sei, da so zu stehen, und hat es weggeführt. Du willst wohl später einmal keine Kinder bekommen, hat der Erzieher geschrien und vor lauter Schreien nicht gehört, daß das Mädchen ganz ruhig geantwortet hat: Nein.

Das Mädchen ist danach auf die Krankenstation überstellt worden, um einige Tage lang Kräutertee zu trinken, Dampfbäder zu nehmen, und sich aufzuwärmen. Das Mädchen ist glücklich. Die Krankenstation fordert nichts als Ruhe für und von ihren Insassen, für diese Ruhe sind Betten bereitgestellt, frischbezogene Betten mit übergroßen Kissen, in denen man sich vergraben kann. Das Mädchen muß sich nicht bewegen, ja, es darf sich nicht bewegen, Bewegung ist ihm untersagt. Es darf schlafen, es soll sogar schlafen, soviel es kann, und Schlafen gehört zu dem wenigen, was das Mädchen in hoher Vollendung beherrscht. Alles, was sonst jemals gegolten hat, ist ausgesetzt für die Zeit, in der es in seinem Krankenbett liegt und schlafen darf, ja soll. Keinen Ort gibt es, von dem aus gesehen die Welt weiter draußen läge, als ein solches Krankenzimmer. Es ist ein Ort der Schonung, und geschont wird man vor der Welt, wovor sonst. Man liegt unter den Federn, und alles, was laut ist, alles, was grell ist oder spitz, alles, was überhaupt vorfallen könnte, prallt an diesem weichen Wall ab. Die Meßgeräte zwar dringen hindurch, zum Beispiel das Fieberthermometer, das kalte, aber ihnen den Eintritt zu verwehren, darum geht es dem Mädchen gar nicht. Denn wenn zum Beispiel seine Temperatur vermessen wird, so erfährt es doch, daß diese genau 39,2 Grad Celsius beträgt, und so verliert der Körper ein klein wenig von seiner ungeheuren Undurchschaubarkeit. Auch das macht es angenehm, auf die Krankenstation überstellt zu sein, denn hier gibt es dieses Personal, das sich mit der Mechanik des Körpers auskennt. Was einem selbst wie ein Haufen Fleisch vorkommt, der auf unordentliche, ja geradezu feindselige Weise sein Eigenleben führt, ohne daß man wissen kann, warum überhaupt, woher, oder wie lange noch, und dessen Willkür man vollkommen ausgeliefert ist, der einen schmerzt, den man sich verkühlt oder entzündet, der anfängt zu stinken, wenn man ihn nicht wäscht, und an dessen Gewicht, selbst wenn er weder verkühlt noch entzündet ist noch stinkt, man einfach schwer zu tragen hat, ohne ihn je zu verstehen, dieser Körper wird hier ohne viel Aufhebens und vollkommen angemessen behandelt. Daran erkennt das Mädchen erleichtert, daß es im großen und ganzen wohl den gleichen Körper haben muß wie alle anderen, von dem Mangel an Schönheit einmal abgesehen, der rein äußerlich ist. Innerlich ist sein Körper also überhaupt nichts Besonderes, auch die Krankheiten, die sich über ihn hermachen, sind nichts Besonderes, und hier gibt es diese Fachleute, die den Körper des Mädchens ebensogut kennen, und ebenso angemessen behandeln, wie alle anderen Körper auch, weil es immer ein und derselbe Mechanismus ist. Sie fragen nur das, was sie immer und jeden fragen, und nach kurzer Zeit ordnen sie etwas an, was sie in jedem anderen Fall ebenso anordnen würden, und verschreiben etwas, was sie auch sonst bei einem ähnlich gelagerten Fall verschreiben würden, und fragen über die konkret vorliegende Krankheit hinaus nichts. Es geht ihnen um diese Maschine, die immer gleich ist, um das Herz, das bei jedem links oben sitzt, oder um die Lymphknoten, die immer unterhalb der beiden Ohren zu finden sind: Das interessiert sie. Aber welche Figur man bei der Untersuchung macht, ob man riesig, rauh oder gar häßlich, ob man dumm oder sehr dumm ist, das interessiert sie nicht, schon gar nicht, wenn alle Anzeichen ganz klar auf eine Verkühlung hindeuten. Dieses glückliche Personal, diese glücklichen Fachleute, sie allein vermögen einem Lebenden wenigstens für eine kurze Zeit die große Verantwortung abzunehmen, dieses sein Leben immer und immer ganz auf sich gestellt aufrechterhalten zu müssen, indes er noch nicht einmal weiß, wozu überhaupt. Sie sagen: Nimm jeden Tag ein Dampfbad! oder Nimm täglich dreimal zwei von diesen Tabletten! oder Du darfst nicht aufstehen! oder Trinke nur diesen Kräutertee und iß vorerst nichts! Und man muß nicht darüber nachdenken, geschweige denn selbst darauf kommen, daß es das beste wäre, jeden Tag ein Dampfbad zu nehmen oder täglich dreimal zwei von diesen Tabletten, nicht aufzustehen oder Kräutertee zu trinken und vorerst nichts zu essen. Nur daliegen muß man, und die Anweisungen dieser Leute befolgen, für die das Leben eine Maschine ist, und viel schlafen. Ganz und gar hingeben kann man sich, und einmal vom Leben absehen.

Das Personal öffnet die Tür zum Krankenzimmer, ohne anzuklopfen, das Mädchen wird aufgedeckt, Verrichtungen werden vorgenommen, ungefragt wird in den Körper des Mädchens hineingegriffen, wird gemessen und kontrolliert, was vorgeht, und das Mädchen muß sich nicht schämen, es kann sich einmal ausruhen von der Scham, weil es keinen Sinn ergeben würde, sich dafür zu schämen, daß es innerlich den gleichen Mechanismus hat wie alle anderen, es kann sicher sein, daß es niemanden hier interessiert, ob es sich schämt, wo doch der dunkle Körper selbst einfach offen daliegt vor den Augen des Fachpersonals.

So ruht das Mädchen in Frieden, es dämmert vor sich hin, oder es schläft, es bewegt sich sowenig wie möglich, es wärmt sich unter dem schweren Bettzeug, und es beginnt, gut zu riechen. Der Geruch seines ungeformten Körpers verschwindet nahezu völlig, und an seine Stelle treten die Gerüche der Gesundheit, der Geruch des Kräutertees, der Geruch des gestärkten Bettzeugs und vor allem der Geruch der Desinfektionsmittel, deren häufige Benutzung der Ehrgeiz jedweden Krankenhauspersonals ist. Das Mädchen wälzt sich in Wohlbehagen, wenn es an die mikroskopisch kleinen Parasiten denkt, von denen es, wie jeder Mensch, bewohnt wird, und denen es nun an den Kragen geht: diese Ausbünde an gemeiner Freßsucht. Wimmelnder, unsichtbarer Schmutz, der nun in die Flucht gejagt wird, auf ätzende, beißende, radikale Weise in die Flucht gejagt. Das Mädchen wirft die Tabletten ein, die es gegen die Verkühlung verschrieben bekommen hat, und dann hat es nichts weiter zu tun, als dazuliegen in dem Wissen, daß es denen, die es innerlich bewohnen, nun an den Kragen geht. Von Zeit zu Zeit kommen Schwestern, die das Mädchen aus dem Federbett herausführen, aber sie nehmen es nur bei der Hand, um es zum Dampfbad zu bringen, und das tut dem Mädchen gut, es schwitzt sich in diesem Dampfbad alles, was in ihm krank ist, alles, was in ihm schmutzig ist, aus dem Leib, fast könnte man sagen, es schwitzt sich seinen Leib aus dem Leib.

Und wenn es vom Dampfbad in sein Bett zurückkehrt, dann
sieht es die Windung, die das Bettzeug hatte machen müssen, um
ihm den Weg nach draußen freizugeben, wie in einem Strudel ist
das Bettzeug, wie in einem Wirbelsturm, dabei ist gar nichts
geschehen.

Unter der Decke ist es sehr warm, wärmer als irgendwo anders.
Außerhalb des Bettzeugs, im Krankenzimmer, selbst auf dem
Flur des Krankenhauses, ist es noch wärmer als normalerweise,
das heißt, wärmer als sonst in einem öffentlichen oder privaten
Gebäude. Etwas weniger warm ist es in den übrigen Bereichen
des Heimes, in den Schlaf-, Wasch-, Beschäftigungs- und Sport-
sälen und den Gängen zwischen diesen, doch auch dort ist es
noch ziemlich warm, so daß man auf menschliche Weise existie-
ren kann. Selbst auf dem Gelände kann man die Temperatur
sogar im Winter noch als durchaus zumutbar bezeichnen, während sie das außerhalb des umzäunten Geländes, unter dem gleichen Himmel, nur eben außerhalb des Zauns, nicht ist, das gehört
zu den wenigen Tatsachen aus der Vergangenheit, an welche sich
das Mädchen noch lebhaft erinnert. Und die Temperatur, solange
sie zumutbar ist, gehört zu den Dingen, die zum Überleben
beitragen. Das Mädchen friert sehr leicht, selbst im Sommer, es
friert mehr als andere, obgleich es viel mehr Fett als andere mit
sich herumträgt, so daß man annehmen müßte, daß dieses Fett es
warm hält. Und wenn die anderen ihm nicht glauben wollen, daß
es derartig friert, dann zeigt es seine Arme vor, auf denen sich die
Härchen vor Kälte aufgerichtet haben, und wenn sie ihm dann
noch immer zweifelnd in sein errötetes Gesicht schauen, dann
spielt das Mädchen seinen Trumpf aus, und der besteht darin,
jederzeit mit den Zähnen klappern zu können, das ist der entscheidende Beweis.

So sehr also friert es, und es muß niesen, überdurchschnittlich oft
muß es niesen, und plötzlich, vollkommen unvorhersehbar. Auch,
wenn es nicht niest, deutet ein Tropfen, der oft an seiner Nase
hängt, darauf hin, daß es an chronischem Schnupfen leidet. Selbst
im Sommer, mitten im Sommer, wenn niemand anderes auch nur
an Schnupfen denkt, muß das Mädchen sich auf seiner Schulbank
zusammenknäulen, um sich die Nase zu putzen. Es knäult sich
zusammen, während es sich die Nase putzt, an der ein Tropfen
gehangen hat, weil es sich schämt, sowohl für seinen Schnupfen,

wie auch für sein sehr altes, schon beinahe zerfallenes Stück Zellstoff, das es als Taschentuch benutzt. Selbst sein Schnupfen ist ein Schnupfen auf der untersten Stufe der Hierarchie, ein unwürdiger Schnupfen, der ihm den Rotz aus der Nase rinnen läßt wie einer Greisin, kein Schnupfen, wie er anderen eine Woche lang die Nase verstopft und sie zwingt, durch den Mund zu atmen, dann aber vorüber ist, nein, und nie ist das Niesen eine freie und schöne Explosion, sondern immer ist es ein Katzenniesen, ein verhaltenes, ruckartiges Schniefen, wie wenn eine Katze niesen würde.

Auch über diesen Schnupfen hinaus hat das Mädchen eine sehr schwächliche Gesundheit, ganz im Gegensatz zu dem, was seine Statur vermuten ließe. Zwar kann man auf den ersten Blick erkennen, daß es sich bei dem Mädchen nicht um eine Sportlerin handelt, und es daher wohl nicht zu den besonders abgehärteten Naturen gehören dürfte, aber in wie hohem Grade es tatsächlich anfällig für jede Art profaner und, wie sich später herausstellen wird, auch schwerer Krankheiten ist, das würde man auf diesen ersten Blick hin doch nicht erkennen, dazu wirkt es einfach zu stabil. Man schließt aus der Form, die zunächst einen satten Eindruck macht, auf ein sattes Inneres. Aber ganz im Gegenteil ist es so, daß dieser Körper eben so ausufert, weil er nicht dazu in der Lage ist, die Stoffe, die ihm durch den großen Hunger des Mädchens reichlich zugeführt werden, ihrer Bestimmung gemäß zu verwenden. Bei genauerem Hinsehen gewinnt man den Eindruck, als häufe dieser Körper ohne jeden Sinn und Verstand alles, was in ihn hineingegeben wird, einfach an, als wolle er aus fehlgeleitetem Geiz nichts wieder herausrücken, als wäre dieser Körper eine einzige riesige blinde Anhäufung, ein Materiallager, zu dessen Verwertung aber die Gebrauchsanweisung fehlt, man hat den Eindruck, daß es eine verkommene Masse ist, zwar lebendig, weil ja ein Körper zwangsläufig lebendig ist, aber eben doch auch irgendwie tot.

Und vielleicht ist es nicht so, daß das Mädchen aus Unmäßigkeit so viel essen muß, wie von den anderen immer mit Ekel behauptet wird, sondern nur, um knapp zu überleben. Es ist gar nicht so, daß es durch dieses viele Essen sehr viel besser überlebt als andere, sondern es überlebt gerade nur so, es muß einfach im Verhältnis zu anderen sehr viel mehr essen, um sich wenigstens einen geringen Grad von Leben zu sichern gegen diesen seinen vertrackten Körper, dem es an der allernormalsten Widerstandskraft mangelt. Das Mädchen muß beispielsweise nur einmal für ein Viertelstündchen im Zugwind sitzen, etwa weil der Lehrer das Klassenzimmer lüftet, das, keiner weiß warum, nach Gummi stinkt, und schon kann es damit rechnen, daß sich sein Hals für die gesamte darauffolgende Woche versteift, sich der Schnupfen verschlimmert, die Ohren zu schmerzen beginnen. Und diese Ohrenschmerzen sind dann natürlich nicht nur landläufige Ohrenschmerzen, nein, bei dem Mädchen sind sie überdies jedesmal mit einem Pfeifton verbunden, den nur das Mädchen selbst, inwendig, hört. Diesen Ton hat es dem Musiklehrer vorsingen müssen, und dieser hat ihn als das dreigestrichene Fis identifiziert.

Von den Schmerzen abgesehen, die eine Krankheit für das Mädchen ebenso wie für jeden anderen mit sich bringt, wird eine krank verbrachte Zeit von den meisten für so besonders widerwärtig gehalten, weil sie nichts ist als Wartezeit, leere Zeit. Kinder langweilen sich zu Tode und spucken den Kräutertee von sich, weil er nach nichts schmeckt, und wenn sie älter sind, werden sie über eine solche Zeit sagen, sie seien ans Bett gefesselt. Gegen das Bett, zumal dagegen, förmlich an es gefesselt zu sein, hat das Mädchen nichts, wie gesagt, das Bett ist zweifellos der sicherste Platz auf der Welt, und überdies einer der wärmsten. Und dennoch gibt es etwas Unschönes am Kranksein, etwas Peinliches, und das ist die Unterbrechung des Alltags, die durch Krankheit bewirkt wird, die Sonderstellung, die jemand, der häufig krank ist, zwangsläufig einnimmt. Dafür schämt sich das Mädchen. Und fast könnte man sagen, daß die Scham darüber, so häufig krank zu werden, häufiger krank zu werden als andere, diese Furcht, nicht normal zu scheinen, daß diese Peinlichkeit die eigentliche Pein sei, und fast könnte man annehmen, sie sei es, die das Mädchen so häufig krank mache, wie in einem teuflischen Kreislauf. Und alles das, während es doch gleichzeitig außerordentliches Verlangen nach einem Bett auf der Krankenstation hegt. Es wäre denkbar, daß es durch sein häufiges Fehlen in der Schule bei den Mitschülern zu Ansehen käme, daß es einen anarchistischen Eindruck hervorzurufen begänne, weil die anderen vermuten, es schwänze die Schule nur auf besonders durchtriebene Weise. Daraufhin würde es womöglich des untersten

Platzes in der Hierarchie verlustig gehen, der ihm auf solch wunderbare Weise zugefallen und noch dazu der sicherste ist, würde womöglich aufsteigen, müßte sich eines höheren Ranges würdig erweisen, und würde von da an geprüft werden auf Tauglichkeit, denn jeder Platz, eben nur der unterste nicht, zeichnet sich durch Fähigkeit aus, nicht durch Unfähigkeit. Das Mädchen würde dem warmen Vergessen entrissen und müßte handeln. Es könnte auch sein, daß es durch dieses Übermaß an Krankheit versehentlich doch Mitleid zu erregen begänne, daß die anderen anfingen, es zu schonen, aufhörten, es zu schubsen, und von diesem Augenblick an wäre das Mädchen dazu verdammt, ein Fremdkörper zu sein, alle seine Mühe, in seinem Versagen normal zu sein, wäre in diesem Moment, in dem das Mitleid begänne, zunichte gemacht. Alle diese Vorstellungen zusammengerechnet lösen in dem Mädchen ein solches Entsetzen aus, daß es krank davon wird, wieder einmal krank, zu seinem gewöhnlichen Schnupfen gesellt sich ein Fieber, das geradenwegs auf ein Bett in der Krankenstation zuführt. Und dort, innerhalb des Krankenbetts wiederum, stellt sich dann, ganz unverhohlen, das Gefühl großer Glückseligkeit ein.

In dieser Hinsicht also ist das Mädchen einer Widersprüchlichkeit unterworfen, der zu entweichen es um so dringlicher sucht, sobald es einmal nicht krank ist. So schließt es sich beispielsweise sehr gern, gekleidet wie alle anderen, gewaschen wie alle anderen, der Gruppe von Mitschülern an, die nach Unterrichtsschluß das Schulgebäude verlassen, um zum Speiseraum hinüberzugehen. Und es gelingt ihm, obgleich alle anderen paarweise oder in kleineren Gruppen gehen und dabei untereinander schwatzen, und es selbst aber allein geht, weil niemand ein Interesse daran hat, mit ihm zu reden, es gelingt ihm dennoch, als zu dieser Gruppe gehörig aus der Schule ins Freie zu drängen, es trägt dennoch seinen Anteil zu dem Gewimmel und zu dessen Duft bei, Gewimmel und Duft von Schülern einer achten Klasse, die nach Schulschluß zum Speisesaal hinübergehen. Dieses bleiche, riesige Geschöpf setzt sich dann zu den anderen an den bekleckerten Eßtisch, an den Achte-Klasse-Tisch, mitten unter seine Klassenkameraden, niemand darf etwas dagegen sagen, und wenn doch jemand etwas dagegen sagt, so handelt es sich allenfalls um Hohn innerhalb des Tisches, des Achte-Klasse-Tisches, um Klarstellung der internen Tisch-Fronten, um die schwarze Variante der

Anerkennung, aber um Anerkennung, womöglich wird es sogar johlend willkommen geheißen, das Vielfraß. Es kann passieren, daß man ihm in sein Essen spuckt, aber allein muß es nicht sitzen, muß kein Eigenbrötler, muß nichts Besonderes sein. Die anderen sehen, wie es stumm das Essen in sich hineinschaufelt, an manchen Tagen entblödet es sich nicht einmal zu fragen, ob es von ihren Tellern die Reste abessen dürfe, falls etwas übrigbleibe, die Knochen abnagen, die Soße ablecken, die Puddingnäpfe mit dem Finger ausputzen, aus abgestandenen Büchsen die letzten Tropfen saugen. Von äußerstem Verlangen gepeinigt, ergattert es an glücklichen Tagen solcherlei Überbleibsel der Achtkläßler, ißt, wovon diese gegessen haben, trinkt, wovon diese getrunken haben, das reinigt sein Blut. Sonst eher farblos bis an die Grenze der Unsichtbarkeit, verleiht die Konzentration, die es auf das Essen wendet, ihm einen Anschein von Charakter. So erregt das Mädchen zwar den Unwillen und den Ekel derer, vor deren Blicken es so unmäßig viel ißt, hat aber auch teil an der allgemeinen Geselligkeit, und der Unwillen und der Ekel sind ganz gewöhnlicher Unwillen und Ekel, sind ganz alltäglich, die Grausamkeit, der das Mädchen beim Essen besonders gern ausgesetzt wird, ist eine ganz normale Grausamkeit, auf die das Mädchen rechnen kann, ist die Grausamkeit, die ihm zusteht, und ist vor allem nicht nichts. Da wird gelegentlich an den Eimer mit Schweineaugen erinnert, der anläßlich einer lehrplanmäßig vorgesehenen Sektion im Biologieunterricht neben dem Lehrerpult gestanden hatte. Die Augen waren in der Klasse verteilt worden, so daß wirklich jeder für sich ein Auge bekam, und es war erstaunlich, welcher Anstrengung es bedurft hatte, mit dem Seziermesser durch die zähe Außenschicht des Auges zu dringen – wenn es gelang, rann einem die Flüssigkeit aus dem Innern der Augen der Schweine über die Hände. Das Mädchen ißt stumm und mit großem Appetit, ohne von seinem Teller aufzuschauen, die gründlichen Kaubewegungen skandiert von einem Schluckauf, einem hartnäckigen, ungenierten Schluckauf, wie nur Kinder ihn haben können. Dann ist es gut möglich, daß während des Essens jemand, der dem Mädchen genau gegenüber sitzt, das dringende Bedürfnis empfindet, das Pflaster von seiner eitrigen Fieberblase an der Oberlippe zu ziehen, und sich mit dieser schwärenden Oberlippe dem Mädchen zu nähern: Ob es vielleicht ein Mittel gegen eine solche Wunde wisse. Das Mädchen ist ganz ruhig, gleichsam stumpf, es sagt, es wisse keinen Rat, und malmt, während es das sagt, an seiner Bratwurst, an seinem Gemüse, es blickt beiläufig auf die Oberlippe, jedoch nicht in die Augen dessen, der es um Rat gefragt hat, der Schluckauf ist noch immer nicht unter Kontrolle, es kaut und hat dabei beide Ellenbogen schützend um seinen Teller gelegt, auf den es eine ansehnliche Portion gehäuft hat. Wie ein Ochse, den man vor einen Pflug gespannt hat, zieht es seine Bahn, es sagt, nein, es wisse keinen Rat, und diese Antwort ist ganz und gar ungetrübt, vollkommen rein, denn obgleich sich bei vielen Gelegenheiten bereits erwiesen hat, daß mit Gemeinheiten ihm gegenüber durchaus zu rechnen ist, daß die anderen ihm nicht wohlgesonnen sein können, ist es doch immer wieder in erstaunlichem Ausmaß fähig, das zu vergessen. Wie eine Pfütze, in die man einen Stein geworfen hat, sich schon kurz darauf wieder der Erdanziehung anheimzugeben vermag und eine gerade Oberfläche bildet, so besitzt auch das Mädchen eine solche erdnahe, untrübbare Natur. Die Scherze müssen also entsprechend grob geschnitzt sein, um überhaupt zu wirken und nicht ins Leere zu gehen. Zur Verblüffung und allgemeinen Erheiterung hat sich allerdings herausgestellt, daß Scherze, deren Wirksamkeit bereits erwiesen ist, immer wieder ganz und gar unverändert getrieben werden können, ohne daß das Mädchen mit der Zeit lernen würde, geschickter auszuweichen. Beispielsweise ist es den anderen einmal gelungen, ihm während des Essens seinen beladenen Teller wegzuziehen, indem sie es gebeten haben, in die Hände zu klatschen. Da hat es sich nicht gewehrt, hat nur dagesessen und begonnen, still in sich hinein zu weinen. Niemals wäre es auf die Idee gekommen, aufzuspringen und zu versuchen, den Teller wiederzuerlangen, niemals hätte es zu kämpfen begonnen, obgleich es allein schon durch seine Körpermasse sicher keinen schlechten Stand gehabt hätte. Irgendwann hat es dann wieder aufgehört zu weinen. Als man es am nächsten Tag erneut gebeten hat, während des Essens in die Hände zu klatschen, hat es das selbstverständlich getan, selbstverständlich ist ihm abermals sein Teller weggezogen worden, und so fort. Es ist kaum vorstellbar, daß jemand so vergeßlich sein kann. Während die anderen ihr Leben damit verbringen, Hintergedanken anzusammeln und aus dem Vergleich von Geschehnissen Folgerungen zu knüpfen, übt sich das Mädchen in der Kunst des Vergessens.

Je weniger das Mädchen redet, desto weniger kann es falsch

machen. Und, so stellt sich allmählich heraus, es kann sogar einiges richtig machen, indem es wenig redet. Einmal ist ihm während des Sportunterrichts sein frisch zugeteilter Schlüpfer gestohlen worden, dieser einzige Schlüpfer, welchen es für die ganze Woche hat, und es wird schon kalt draußen, der erste Schnee ist gefallen. Es hat also nur den Rock anziehen können und die Strümpfe, und so dringt der Wind nun ungehindert unter den Rock, erste Anzeichen einer Verkühlung stellen sich ein. Am nächsten Tag sieht das Mädchen in der Hofpause fünf Jungen aus seiner Klasse mit dem Schlüpfer Fußball spielen. Danach entschwindet der Schlüpfer völlig, aber weitere drei Tage später findet es in seiner Schultasche einen Zettel mit einer Skizze des Schlüpfers, und darunter steht: In die Ecke, Besen, Besen. Drei Stunden braucht das Mädchen, um diese Botschaft zu enträtseln, dann geht es ruhigen Schrittes zum Wohngebäude hinüber, steigt die zwei Treppen zu der Etage, in der sein Zimmer liegt, hinauf, geht den mit Linoleum belegten, fensterlosen Gang entlang bis ganz nach hinten, dort ist die Besenkammer. Es öffnet die Tür zur Besenkammer, Bohnerwachsgeruch schlägt ihm entgegen, und richtig, da sieht es den Schlüpfer: Er ist über einen Besen gestülpt, der mit dem Kopf nach oben in der Ecke steht. Das Mädchen pflückt seinen Schlüpfer von dem Besen und zieht ihn sogleich in der dunklen Besenkammer wieder unter den Rock.

Einige Tage darauf will es der Zufall, daß das Mädchen just, als die fünf Schlüpferdiebe sich hinten im Wäldchen einen Kleinen aus der dritten Klasse vorgeknöpft haben, plötzlich wie aus dem Boden gestampft auf dem Hügel erscheint, von wo aus es alles genau sehen kann. Vier von den fünfen halten den Kleinen fest, und der fünfte kniet über dem Kleinen und stopft ihm, wie es scheint, Erde in den Mund. Noch ehe die fünf von dem Kleinen ablassen können, hat das Mädchen sich schon wieder umgedreht und ist verschwunden. In dieser Woche fürchten die fünf das Mädchen, keines Blickes würdigen sie es, um ihrer Angst Herr zu werden. Wer sich zu fünft an einem aus der dritten Klasse vergeht, fällt ohne Frage unter die Rubrik schwer erziehbar, und schwer erziehbare Heiminsassen kommen in ein Heim für ihresgleichen, in dem es härter zugeht als hier, dies ist die Furcht der fünf. Doch es geschieht nichts, das Mädchen meldet nicht, was es gesehen hat – und das, obgleich es unbezweifelbar in der stärkeren Position ist. Blind muß das Mädchen sein, oder selbst für eine mit solcher Leichtigkeit zu begehende Rache zu blöd, stellen die fünf angesichts der Milde, die ihr Opfer ihnen gegenüber walten läßt, fest. Von der Seite des Mädchens aus betrachtet, erscheinen jedoch diese beiden Vorkommnisse – der Schlüpferdiebstahl und die Rangelei im Wäldchen – ohne jeden Zusammenhang. Es ist, als ginge ihm jeder Sinn für Eigennutz ab. Jedes der Ereignisse steht für sich, so, als wäre in seinem Kopf die Brücke eingestürzt, die sich sonst bei denkenden Wesen zwischen dem, was ihnen angetan wird, und dem, was sie anderen antun, spannt.

Überhaupt stellt es für das Mädchen eine große Schwierigkeit dar, aus etwas Geschehenem eigenständige Gedanken abzuleiten, das hat sich oft genug schon während verschiedener Unterrichtsstunden gezeigt. Und wenn das Denken gar zum Sprechen werden, also auch noch über sich hinaus weisen, ja ein Handeln werden soll, wie das für einen Verrat unabdingbar wäre, so ist von dem Mädchen in dieser Hinsicht gar nichts zu befürchten. Dazu kommt in diesem speziellen Fall, daß das Mädchen sich für einen solchen Verrat hätte ins Lehrerzimmer begeben müssen, an den für derlei Klagen bestimmten Ort – das Lehrerzimmer zu betreten, ist aber dem Mädchen eine Unmöglichkeit, selbst wenn es wollte, vermöchte es das nicht, denn das Lehrerzimmer liegt am Ende des Ganges im Parterre, und dieser Gang geht gegen unendlich, jedenfalls erscheint es dem Mädchen so. Dieses Zimmer ist für das Mädchen unerreichbar, immer, wenn es den Gang hinunterschaut, wird ihm ganz schwindlig. Es steht am Anfang dieses Ganges wie ein Fisch hinter der gläsernen Wand eines Aquariums, auch der Fisch kann und kann einfach nicht durch die Glasscheibe hindurchschwimmen, auch er muß stumm bleiben, und so ist es, wenn man das Mädchen kennt, keineswegs erstaunlich, daß es nicht geredet hat, nicht seinen Vorteil erkannt oder zumindest ihn nicht genutzt hat. In jedem Fall ist es sein Verdienst, daß die Machenschaften seiner Schulkameraden im verborgenen bleiben.

Nachdem es also, warum auch immer, nicht geredet hat, dichtgehalten hat, wie seine Schulkameraden schon mit einem Hauch von Anerkennung sagen, jagt in der darauffolgenden Woche einer aus der Fünfer-Gang über den Hof, er wird von einem Lehrer verfolgt. Das Mädchen holt eben einen Fetzen aus der Hosentasche, mit dem es sich die Nase putzen will, als der Verfolgte in

vollem Galopp über es stolpert, während er sich nach seinem
Verfolger umschaut. Statt aber zu fluchen und dem Mädchen
noch einen zusätzlichen Tritt zu versetzen, wie es sonst üblich
gewesen wäre, rappelt er sich nur stumm wieder auf, und wagt
es, und drückt ihm in einem tollkühnen Entschluß Geld in die
feuchte Hand, das gestohlene Geld offenbar, um dessentwillen
er verfolgt wird. Hastig flüstert er dem Mädchen etwas zu und
setzt mit großen Sprüngen davon. Das Mädchen hält in der einen
Hand das Geld, in der anderen sein zerfetztes Taschentuch, und
die Nase läuft ihm. Es sieht dem Gejagten nach, dann schaut es
zur anderen Seite, dort steht der Lehrer, der eben die Verfolgung
aus Kräftemangel aufgegeben hat, er starrt dem Bösewicht erschöpft hinterher. Das Mädchen, obgleich es ihm mitten in der
Sicht steht, sieht dieser Lehrer nicht, er blickt durch es hindurch
auf den Entwischten, und selbst wenn er es wahrnehmen würde,
käme er nicht im Traum auf die Idee, daß dieses Wesen teilhaben
könnte an dem Komplott der Bösewichter. Nun weiß das Mädchen nicht, wessen Geld es da in der Hand hält, ob es das Geld
dieses Lehrers ist oder das eines Mitschülers. Der Gejagte hat
ihm zugeflüstert: Heb das auf! Das Mädchen macht sich also
keine Gedanken, es steckt das Geld in die Hosentasche, und
weder fragt es sich etwas, noch spricht es, es steckt einfach das
Geld, an dem es keinerlei Interesse hat, in die Hosentasche, putzt
sich dann endlich mit beiden Händen die Nase und stopft danach
das Taschentuch zu dem Geld. Und in diesem Moment erinnert
es sich zum ersten Mal an etwas. Es erinnert sich daran, daß
dieser Junge, der ihm eben etwas zugeflüstert hat, Björn heißt.

In der Dämmerung dieses selben Tages schlendert der Gelddieb
Björn zum Spielplatz hin, dort hockt das Mädchen allabendlich
in großer Einsamkeit auf einer Blechstange, reglos, wie ein Huhn,
das schon den Schnabel unter sein Gefieder gesteckt hat, um zu
schlafen. Als aber Björn hinkommt und die Hand fordernd ausstreckt, regt sich das Huhn, und greift, ohne von der Blechstange
abzusteigen, in die Hosentasche. Es fördert ordnungsgemäß erst
das Taschentuch, dann das Geld zutage, und drückt letzteres seinem Klassenkameraden in die Hand, indes es das Taschentuch
wieder einsteckt. Das Geld ist vollzählig.

So hat sich erwiesen: Das Mädchen ist verwendbar. Von da an
verspürt das Mädchen eine Verschiebung der Fronten, eine Art

kollektiven Windwechsels, dessen Ursache ihm verborgen bleibt. Es ist ein angenehmes Gefühl. Instinktiv versucht es, alles so zu machen, wie es das an diesem Tag gemacht hat, an dem ihm zum ersten Mal von einem Klassenkameraden etwas zugeflüstert worden ist. Blind und glücklich steht es in diesem warmen Wind und will sich nicht mehr rühren. Es weigert sich, den Pullover, den es in dieser Woche getragen hat, in die Wäsche zu geben, es will sein Haar nicht mehr schneiden lassen – das Entscheidende ist, daß es neben anderem, was es überflüssigerweise beibehält, auch das Nicht-Reden beibehält. Es verstummt, ohne zu wissen, daß das Stummsein die erste Eigenschaft ist, die seine Klassenkameraden an ihm schätzen.

Während der ersten Zeit im Heim war es dem Mädchen so vorgekommen, als versuche es, in ein Wasser einzutauchen. Es hatte niemals ein einzelnes Gesicht wahrgenommen, sondern nur einen Schwall von Gesichtern, und hatte gerudert. Nun, da es ihm offenbar gelungen ist, auf bescheidene, stille Weise einzutauchen, da es endlich mit dem Strom schwimmen darf, begegnet es verschiedenen Personen. Von diesem Moment an, in dem es im Gedächtnis zu bewahren vermag, daß der Name eines seiner Klassenkameraden Björn ist, beginnt es, auch andere Geschichten in seinem Kopf zu behalten. Sein Kopf hört auf, leer zu sein, er wird ein Kopf voll Geschichten einer Vierzehnjährigen.

Das erste, was ihm in die Augen fällt, sind die tintenbefleckten Hände seines Banknachbarn, dessen, der das grobschlächtige Gesicht hat. Und nachdem es diese, nicht ohne eine gewisse Scham, mit seinen eigenen Händen verglichen hat, die bleich und unbefleckt sind, ist sein Blick zu dem grobschlächtigen Gesicht hinaufgewandert. Der Knabe hat sich, offenbar um einem Nasenbluten Einhalt zu gebieten, einen Stöpsel aus Papier in sein rechtes Nasenloch gesteckt. Da erinnert sich das Mädchen plötzlich daran, daß er im Physikunterricht einmal eine staunenswerte elektrische Anlage errichtet hat, eine Anlage, bei der, auf einen Knopfdruck hin, unzählige Lämpchen zu glimmen begonnen haben. Als habe es jetzt zum ersten Mal Ruhe, um Bruchstücke zusammenzufügen, wird plötzlich einiges, das bislang unerklärlich gewesen war, erklärlich. Es betrachtet den Banknachbarn mit dem Stöpsel in der Nase, indem es den eingezogenen Kopf zu ihm hinaufdreht, und erkennt ihn als ein Wesen mit besonderer

Erfindungsgabe und besonderem technischen Verstand. Die tintenbefleckten Hände und der Stöpsel gehören ebenso zu diesem Menschen wie die staunenswerte elektrische Anlage, sie deuten allerdings darauf hin, daß es sich hier um jemanden handelt, für den es Wichtigeres gibt als ein gepflegtes Äußeres. Dieser Mensch heißt Erik. Plötzlich weiß es den Namen seines Banknachbarn, neben dem es drei Monate lang gesessen hat, ohne zu wagen, ihn anzusehen, geschweige denn sich an ihn zu erinnern, und es wird auch die Namen der anderen nicht mehr vergessen. Seine Zimmergenossinnen heißen Mandy, Nicole und Babette. Viele im Heim heißen so, als wären die Namen das einzige gewesen, was kostenlos zu haben war, als sie auf die Welt kamen. Mandy ist klein wie eine Zwergin, Nicole hat blonde Haare, und Babette hat ein Kreuz um den Hals hängen und betet vor dem Zubettgehen heimlich das Vaterunser.

Es ist kalt geworden, die asphaltierten Wege des Heims sind von wäßrigem Schnee bedeckt, der Himmel hängt voller Schwefel, der Wind ist eisig und reißt die letzten fauligen Blätter von den Pappeln der Allee, die als Inbegriff der vorgeschriebenen Wegedisziplin ohne jede Biegung quer über das Gelände führt. Für das Mädchen ist dies der Anbruch des Goldenen Zeitalters.

Das Mädchen lernt Skat spielen. Die Jugend sitzt im Unterricht, der Lehrer spricht, und die Jugend spielt Skat. Skat wird über verschiedene Reihen hinweg gespielt, dazu drehen diejenigen, welche weiter vorn sitzen, ihren Kopf halb nach hinten, sie blinzeln über die Schulter auf die abgeworfenen Karten und werfen die ihre in aller Kaltblütigkeit dazu. Gespielt wird mitleidlos, gespielt wird kühn, gespielt wird gleichgültig, das hängt vom jeweiligen Lehrer ab, der da vorn unter größerem oder kleinerem Einsatz von Gewalt eine einsame Schlacht ausficht. Achtzehn!, Zwanzig!, heißt es, während beispielsweise eine abgenutzte, schleimige Stimme über die Erdölvorkommen um Baku referiert. Der Lehrer kann die Jugend bei den Haaren ziehen, wenn er meint, daß er damit etwas erreicht, er erreicht damit aber nichts.

Die Jugend bläst sich Zettel zu, auf denen Dinge stehen, die ebensogut in der Pause besprochen werden können, meint die Lehrerin mit dem blondgebleichten Haar, aber sie befindet sich damit im Irrtum. Jetzt, da das Mädchen schärfer sieht, und weniger

Angst hat, sieht es diese Zettel umherfliegen, es sieht, welche unsichtbaren Linien sich durch den Raum spannen, und stellt seine Vermutungen darüber an, was auf den Zetteln stehen könnte. Es achtet auf den kleinen Knall, den der Start eines jeden solchen konspirativen Kügelchens verursacht, und kichert gemeinsam mit den anderen darüber, daß dem Lehrer keine Macht gegeben ist über die Geschosse. Zum ersten Mal in der ganzen Zeit, die es hier ist, sieht man es aus tiefstem Herzen kichern. Der Banknachbar Erik arbeitet bereits an einer Schleuder für derlei zusammengeknüllte Korrespondenzen, obgleich auch er einen Rohrbleistift besitzt, aus dessen Schaft er Post in die Welt hineinblasen könnte. Er hat eine Zeichnung gemacht von der Schleuder, nun geht er daran, die Konstruktion ins Werk zu setzen, während die Lehrerin ein aufwendiges Tafelbild auf die Tafel überträgt, wobei sie den Schülern den Rücken zuwendet. Einige lachen über den allzu kurzen Lederrock der Lehrerin, aus dem zwei bedenklich gebogene Beine abwärts führen. Es geht um Subjekt und Prädikat. Die Lehrerin unterstreicht das, was sie als Subjekt erkannt wissen will, doppelt. Ihre Hände sind ganz bestäubt von Kreide, und unter dem Kreidestaub reißt die Haut.

Die Verbindung zwischen dem Mädchen und den anderen wird im Laufe dieses Winters enger, wenn sie auch nicht auf einer Gemeinsamkeit hinsichtlich bestimmter Vorlieben und Abneigungen beruht oder auf gemeinsamem Mut und gemeinsamer Feigheit, sondern eher zu vergleichen ist mit der Nähe eines Mannes zu dem Boten, der seine Nachrichten überbringt, der Nähe eines Verschworenen zur Garde, die seine Tür hütet, der Nähe einer Herrin zu ihrer Dienerin. Das Mädchen beginnt Dinge zu tun, die vermuten lassen, daß seine Treue zu den Klassenkameraden an Idiotie grenzt. Beispielsweise verwendet es die Zeit, die den Schülern während einer Prüfung zur Verfügung steht, darauf, die richtige Lösung sauber für seine Klassenkameraden aufzuschreiben und ihnen heimlich zukommen zu lassen. Erstaunlich ist dabei, daß das Mädchen immer häufiger, man weiß nicht wie, die richtige Lösung der Aufgaben kennt, erstaunlich auch seine dabei zutage tretende Fähigkeit, Schriften anderer täuschend zu kopieren. Unverständlich hingegen bleibt, warum es keinerlei Interesse daran zeigt, für sich selbst die richtige Lösung abzugeben.

Sehr zufrieden scheint das Mädchen in seiner stummen Hingabe an die Mitschüler, und wenn die Mitschüler sich untereinander bekriegen, so steht es, unbeschwert von einer eigenen Meinung, verläßlich auf der Seite derjenigen, die es für ihre Zwecke zu benutzen wissen, und wenn beide Seiten es zu benutzen wissen, so steht es auf beiden Seiten zugleich. Da es einfach nur aufbewahren muß, was ihm anvertraut wird, oder sagen, was es auswendig hat lernen müssen, ist das gut möglich. Der Platz, den es in den Klassenkämpfen einnimmt, ist folglich nicht immer ein ehrenhafter, es ist eigentlich gar kein Platz für einen Menschen, weil der Mensch selbst gegen Null gehen muß, er muß ganz und gar ausgeräumt sein innerlich, wie ein Fisch vor dem Braten, und erst dann ist ausreichend Raum für eine solche durch und durch zuverlässige Aufbewahrung fremder Missetaten, fremden Glücks wie Unglücks. Das Mädchen aber hat diesen Raum schon mitgebracht, als es ins Heim gekommen ist, es hat das Herz einer Dienstmagd, und sein Glück will es, daß es nun eine Anstellung gefunden hat bei seinen Klassenkameraden.

Während es noch vor kurzem selbst in die Jauchegrube gefallen ist, weil es, als es den anderen nachlief, nicht auf das brüchige Brett achtgegeben hatte, welches, unter Laub versteckt, über die Grube gelegt war, so gehört es nun zu denen, welche einen jeden Neuankömmling über das Brett locken. Und dann lacht es lautlos, ganz selbstverständlich bleckt es die Zähne und lacht stumm, aber aus tiefstem Herzen.

Nun sieht man es als ein Pferd über das Gelände trotten, einen Kleineren auf den Schultern, so wie eines der älteren Kinder sein jüngeres Geschwisterkind aufhucken läßt. Man sieht es verkleidet im Wohngebäude der Unterstufe umherlaufen, mit beiden Händen hält es eine Krone aus Federn auf seinem Kopf fest, die ihm nicht passen will, und hinterdrein kommen jauchzend die Indianer. Man sieht es mit den Jüngeren durch Himmel und Hölle hüpfen, obgleich seine Füße so groß sind, daß sie über die in den Schnee gescharrten Spielfelder hinausragen. Seine Klassenkameraden haben es in die Familienverhältnisse eingeweiht, die sie für sich untereinander erfunden haben. Jedes von ihnen hat ein Brüderchen oder Schwesterchen in den unteren Klassen, für die es verantwortlich ist. Das Jüngere ist dem Älteren untergeordnet, es muß ihm folgen, dafür aber schützt das Ältere es vor

Erziehern und Lehrern, übt Vergeltung, nimmt Rache. Aber das Mädchen hat dieses System irgendwie mißverstanden, es hat wohl nicht ganz verstanden, daß diese Ordnung auch eine Rangordnung ist, denn anstatt sich ein Brüderchen oder Schwesterchen zu suchen, das ihm untergeordnet sein soll, beginnt es, mit den Kleineren zu spielen, und spielt nicht ungeduldig oder belehrend, wie sonst Ältere mit Jüngeren spielen, sondern wortlos und voller Hingabe, von gleich zu gleich. In der Pause schlittert es zusammen mit den Kleinen auf der Schlitterbahn, die der erste scharfe Frost über Nacht gebildet hat, während seine Klassenkameraden in zwei Ecken des Schulhofs stehen und heimlich rauchen. In der einen Ecke stehen die Mädchen, und ganz am anderen Ende des Schulhofs die Jungen. Aus beiden Ecken streifen Blicke des Unverständnisses über das Mädchen hin, wie es da mit den Kleinen schlittert, aber geredet wird über Wichtigeres. Auch nach Schulschluß sieht man das Mädchen wieder schlittern, wie eine Vogelscheuche mit weit ausgebreiteten Armen, so daß es das Gleichgewicht besser halten kann. Bis zum Einbruch der Dunkelheit vergnügt es sich da, inzwischen mutterseelenallein, die Kleinen sitzen längst beim Abendbrot.

Es hatte immer eine bestimmte Art von Scherzen gegeben, Scherze, die sich auf die Größe des Mädchens und sein Volumen bezogen und daher nie ganz unschuldig waren. Denn obgleich das Mädchen keine großen Brüste hat, wie sie einem solchen Körper angemessen wären, sondern nur zwei Zipfel, war da ein Schwanken gewesen, eine deutliche Schwachheit, und die hatte die vierzehnjährigen Knaben erregt. Sie hatten es selbst nicht verstehen können, was es war, das anfallartig ihren Ekel in Begehren hatte umschlagen lassen, so daß sie Lust bekamen, das Mädchen hart anzufassen. Nun aber, seit das Mädchen weitgehend verstummt ist, seit offenbar geworden ist, daß man sich auf seine geistige Neutralität vollkommen verlassen kann, tritt auf einmal auch die physische Neutralität deutlich hervor, und die Provokation, die dieses schwankende, strauchelnde und zugleich verschlossene Stück Fleisch innerhalb eines Raumes dargestellt hatte, diese Provokation scheint aufgehoben. Dieser Körper ist gar keine Provokation, stellt sich heraus, und es hätte wenig Sinn, ihn hart anzufassen, weil er einem von innen her keinen Widerstand entgegensetzt, all das auf ihn gerichtete, mit Ekel vermischte Begehren versinkt in ihm wie in einem Filz, es wird einfach geschluckt, es versackt, es erstickt. Unbegreiflich erscheinen den Knaben im nachhinein ihre Attacken auf Rock und Schlüpfer des Mädchens. Aus diesem Geschöpf, welches anfangs ein zwar unreines, riesiges und rauhes, aber doch weibliches Wesen gewesen ist, wird nun jemand, in dessen Gegenwart die vertrauten Zirkel der Jungen wie die der Mädchen gleichermaßen, ohne Rücksicht, Scheu oder gar Absicht von geschlechtlichen Dingen reden. Man beginnt, dem Mädchen Zettel anzuvertrauen, die es dem oder jenem überbringen soll, und zuverlässig wird es mit der Antwort zurückkehren, man lehrt es Klopfzeichen, die es geben muß, wenn ein Lehrer den Gang entlangkommt, stellt es dann vor die Tür eines Schlafraumes, und versperrt diese von innen mit einem Schrubber. Beim ersten Mal, als es da gestanden hat, ist ihm himmelangst geworden, denn drinnen hat jemand zu wimmern und zu jammern angefangen, als müsse er sterben, das Mädchen aber hat seinen Posten nicht aufgegeben, und inzwischen ist es an diese Geräusche gewöhnt, und fragt nicht danach, was das für Schmerzen sein mögen.

Während bislang kaum ein Platz frei gewesen war, wenn es im Aufenthaltsraum seine Hausaufgaben hatte machen wollen – meist hatte es mit dem Heft am Boden sitzen müssen, aber es hatte sich niemals beklagt – statt dessen gibt es jetzt Platz für das Mädchen, es wird geduldet, und hin und wieder stellt ihm sogar irgend jemand irgendeine Frage. Das Mädchen antwortet immer nur mit Ja oder mit Nein. Fragen, die mit Ja oder mit Nein nicht zu beantworten sind, beantwortet es einfach nicht, dann tut es, als müsse es überlegen, und überlegt dann so lange, bis der andere seine Frage vergessen hat. Das Mädchen entwickelt eine besondere Technik, selbst wenn es nur Ja oder Nein sagt, dies so klein wie möglich herauszubringen, um niemanden durch seine Zustimmung oder Ablehnung in Verlegenheit zu setzen, es bückt sich unter den Tisch, wie um etwas aufzuheben, während es Ja sagt oder Nein sagt, oder es versteckt sein Gesicht hinter den Fäusten und murmelt in die Fäuste hinein. Selbst stellt es keine Fragen, nicht nur aus Scham nicht, sondern auch, weil es nicht wüßte, was es fragen soll.

Was möchtest du werden?
Das Mädchen schweigt.
Ich weiß noch nicht, was ich werden will, vielleicht Tierärztin.
Aber es ist ja noch Zeit.

Schweigen.
Das Mädchen sitzt still da, und bückt sich nicht unter den Tisch, wie um etwas aufzuheben, und versteckt nicht sein Gesicht hinter Fäusten, sondern sitzt nur still da. Und während Nancy von den armen Walen spricht, von den armen Löwen und den armen Ratten, rinnt dem Mädchen der Rotz aus der Nase, und es scheint ihm so, als hätte es mit der Erinnerung an das, was war, auch die Erinnerung an das, was sein soll, verloren. Es kommt sich vor wie jemand, der zusammengeschnurrt ist, wie jemand, der in der Zeit zusammengeschnurrt ist wie in einem Feuer, und jetzt ein Klumpen ist in einem Kinderheim.

Das Mädchen ist sehr dankbar, und wenn es auch sonst nicht viel spricht, so bedankt es sich doch häufig, bedankt sich manchmal sogar in Momenten, in denen andere Beschwerde einlegen oder zumindest Widerspruch erheben würden. So zum Beispiel bedankt es sich, wenn ihm einer, der Maik heißt, ein hochaufgeschossener Vogelgesichtiger, mit einem kurzen Nicken seinen besten Kugelschreiber wegnimmt, um damit Flugzeuge aus Papier zu beschweren. Maik ist einmal, mitten in einer turbulenten Physikstunde, von Saskia geohrfeigt worden, einer haarigen dunklen Schönheit, Saskia hatte damit Aufsehen erregen wollen, das war ihr jedoch nicht gelungen. Maik aber ist es gelungen, indem er nämlich Saskia zurückgeohrfeigt hat, und Saskia daraufhin laut zu schreien angefangen hat, und bis in die Pause hinein hat man noch den roten Fleck auf ihrer linken Wange leuchten sehen. An diese Geschichte denkt das Mädchen, während es sich dafür bedankt, daß Maik ihm seinen besten Kugelschreiber wegnimmt. Es bedankt sich dafür, daß es Maik kennt.

Die Wünsche des Mädchens gehen in Erfüllung. Angefangen hat es damit, daß Babette, die fromme Zimmergenossin, ihm eines von ihren Armbändern geschenkt hat, eines von diesen bunten geflochtenen Armbänderchen, wie Kinder sie gern tragen. Auch wird das Mädchen nicht mehr ausgeschlossen, wenn die anderen sich in seinem Beisein zu einem gemeinsamen Fernsehabend verabreden oder zu einer Teerunde am späten Nachmittag, den Tee dürfen sie sich selbst kochen, in der kleinen Küche neben dem Fernsehzimmer. Oft ist das Mädchen zu diesen Verabredungen gekommen, und hat, wie vorgesehen, zwischen den anderen sitzen dürfen, auf der abgewetzten Couchgarnitur, die im Fernsehzimmer steht. Manchmal aber ist es zu einer Verabredung gekommen, und niemand war da, nur es selbst. Die Verabredung war aufgehoben worden, ohne daß es davon erfahren hatte. Erst nach und nach hatte es verstanden, daß diese Verabredungen aus leichtem Stoff waren, sie fanden statt oder fanden nicht statt, oder fanden morgen statt, oder übermorgen, und die Absage flatterte herum wie eine Feder. Nur weil seine Sehnsucht so zementiert war, und seine Vorfreude so schwer wog, war es lange taub geblieben für diese leichte, kindliche Variante der Gleichgültigkeit. Nach und nach erst begriff es, daß es darüber nicht gekränkt sein mußte, daß Ereignisse hier nicht verlorengehen, daß die Kindheit auf einem weiten Meer von Zeit dahinschaukelt. Wenn am Samstagnachmittag seine Zimmerkameradinnen ohne ein Wort des Abschieds das Zimmer verlassen, als existiere das Mädchen für sie überhaupt nicht, so bedeutet dies die wahrhaftigste Anerkennung des Mädchens als ihresgleichen. Es bedeutet, daß sie sicher sind, das Mädchen wieder vorzufinden, wenn sie zurückkommen, es bedeutet, daß das Mädchen ganz selbstverständlich zum Inventar gehört, wie Spind und Bett. Wenn sie am Morgen ohne ein Wort der Begrüßung den Tag in Angriff nehmen, so bedeutet dies, daß noch viele Tage vor ihnen liegen, die zum Verwechseln ähnlich sein werden, und daß die Gesichter, welchen sie am Morgen begegnen, für lange, lange Zeit dieselben sein werden, so daß es sich nicht lohnt, viel Aufhebens davon zu machen. Unter diesen Gesichtern ist auch das Gesicht des Mädchens.

Am Abend, wenn das Mädchen schon bis zum Hals unter seiner Decke liegt, geschieht es jetzt von Zeit zu Zeit, daß eine von den Mitbewohnerinnen seines Zimmers sich zu ihm auf die Bettkante setzt und leise zu sprechen anfängt. Dann liegt es mit offenen Augen auf dem Rücken und hört. Einmal ist es Nicole, die auf unbegreifliche Weise von den Lehrern gehaßt wird, das aber ist nicht ihr Kummer, sondern ihr Kummer ist, daß sie den Mathematiklehrer liebt, den erstens zu lieben verboten ist, und dem sie zweitens so gleichgültig ist, daß er als einziger unter den Lehrern sie nicht einmal haßt. Ein andermal ist es Mandy, die Kleine, die fast so klein ist wie eine Zwergin, sie kann irgendwie nicht weiterwachsen, aber das ist nicht ihr Kummer, sondern ihr Kummer ist, daß sie nach Hause zurück möchte, obgleich sie bis zu ihrer Ankunft im Heim nicht einmal wußte, was eine Kartoffel ist, denn ihre Mutter hatte ihr niemals eine Kartoffel zu essen gegeben. Das Mädchen liegt dann auf dem Rücken, es hat alle Zeit der Welt, wie es scheint, es hat offene Augen, und jede, die ihm ihr Leid klagen möchte, kann sicher sein, daß es während der Schilderung niemals einschlafen und das, was es gehört hat, auf ewig für sich behalten wird, und dies sind aus der Sicht der sich Ausklagenden sehr schätzenswerte, kameradschaftliche Verhaltensweisen. Ein wenig erinnert das Verhalten des Mädchens an die Art und Weise, mit welcher es immer das viele Essen in sich hineinfrißt, auch hier zeigt sich diese stille Gefräßigkeit, die alles in sich aufnimmt, um es niemals wieder herauszurücken, aber dieser Zusammenhang fällt den anderen nicht auf, vielleicht weil sie, während sie zu dem Mädchen sprechen, ihm fast immer den Rücken zuwenden. Wie in einen Brunnen fallen all die Geschichten in den überschatteten Kopf des Mädchens, hier ruhen sie.

Unter wirklichen Freundinnen setzt oftmals Reue ein, wenn die eine sich gegenüber der anderen hat gehen lassen, indem sie etwas erzählt hat, was besser nicht erzählt worden wäre, und kommt sich nun vor, als hätte sie sich selbst schmutzig gemacht. Denn wer auch nur einer Freundin etwas sagt, was nicht gesagt werden soll, der hat es in die Welt hineingerufen, und selbst wenn diese Freundin es nicht einmal weitererzählt, ist es in die Welt hineingerufen, und man muß sich dafür schämen, daß man nicht an sich hat halten können. Ganz anders ist das, wenn man zu dem Mädchen von diesen Dingen spricht. Erzählt man ihm ewas, so ruft man es nicht in die Welt hinein, sondern denkt gleichsam nur laut nach. Das Mädchen läßt den Redenden alle Gesprächszeit für sich allein, es unterbricht sie nicht, es wirft nicht plötzlich etwas ein, es reißt das Gespräch nicht an sich, es benutzt das, was die andere gesagt hat, nicht als Steigbügel zu einer eigenen Geschichte, denn es hat keine eigenen Geschichten. Ein reines Anschauen ist das, ein interesseloses Wohlgefallen, was das Mädchen diesen Berichten entgegenbringt, und daher kommt das Gefühl der anderen, sie hätten ihre Geheimnisse niemandem erzählt, wenn sie sie dem Mädchen erzählt haben. Das Mädchen liegt einfach nur auf dem Rücken und fädelt Monologe auf die eisernen Bande, von welchen sein Herz umschlossen ist. Die anderen sprechen, und nach einem Weilchen lichtet sich das Dickicht der Probleme, in Worte gefaßt, und der Ratschlag, den das Mädchen nicht gegeben hat, erscheint von selbst am Horizont.

Ganz am Anfang dieser abendlichen Sitzungen hatte besonders
Nicole, die Blonde, befürchtet, es möchte das Mädchen kränken,
wenn man zu ihm von der Liebe redet, weil es selbst so ganz und
gar ohne Hoffnung sein muß, jemals geliebt zu werden. Zwar ist
auch Nicole ohne Hoffnung, des Mathematiklehrers Herz zu
erweichen, aber dies ist eine abenteuerliche Hoffnungslosigkeit,
der Schmerz einer Schönen, ein schöner Schmerz, ein blonder
Schmerz. Sie kann nicht wissen, daß das Mädchen nicht nur keinen Neid empfindet, sondern im Gegenteil seine Existenz geradezu davon abhängt, derlei Verunreinigungen niemals in einen
Zusammenhang mit sich selbst zu bringen, daß nur die eigene
Unschuld seinem Aufenthalt hier einen Sinn gibt. Manchmal
aber, sehr selten, wird das Mädchen für Sekunden von Wissen
befallen, während seine Kameradinnen, auf der Bettkante sit-
zend, bei ihm ihre Beichte ablegen, so als zerrisse plötzlich der
Vorhang, den das Mädchen selbst zugenäht hat. In diesen Momenten vermag es seine Augen nicht länger vor der Tatsache zu
verschließen, daß seine Gefährtinnen sich gerade aus der Kindheit verabschieden. Seine eigene Reinheit ist das einzige, was den
Verfall jener noch eine kurze Zeit wird aufhalten können, darauf
setzt es in blinder Hoffnung, und erteilt Absolution.

Das Mädchen fällt hin. Am frühen Morgen, kurz vor acht Uhr,
als es mit den anderen just vor dem Schulgebäude anlangt, rutscht
es in einer Lache geschmolzenen Schnees aus und fällt hin und
schlägt sich die Knie auf. Alle haben es gesehen, einige haben
gelacht, aber Nicole, die Blonde, hat dem Mädchen aufgeholfen,
Nicole hat es an einem seiner mächtigen Ellenbogen gefaßt und
heraufgezogen, hat ein Pflaster besorgt und es dem Mädchen
auf das blutende Knie geklebt. Wie das Band eines geheimen
Ordens schmückt nun dieses Pflaster, versteckt unter einem
langen Hosenbein, das aufgeschlagene Knie des Mädchens, und
korrespondiert so mit den vielen anderen Pflastern, welche viele
andere aufgeschlagene Kinderknie schmücken, unter vielen anderen langen Hosenbeinen versteckt. Abends, unter der Bettdecke,
beim Schein einer Taschenlampe, betrachtet das Mädchen noch
einmal sorgfältig sein Knie und das Pflaster, welches Nicole auf
die Wunde geklebt hat. Es wundert sich nicht darüber, daß es
gestürzt ist, denn wer sich im Fleisch der Kinder einnistet, dessen
Blut wird Kinderblut, und Kinderblut bahnt sich seinen Weg ins
Freie. Es kommt vor, daß Kinder stürzen.

Von diesem Sturz an hat das Mädchen keine Menstruation mehr, es ist diesen widerwärtigen Geruch los, die Krämpfe und die Übelkeit. Je länger es ihm während dieser Unpäßlichkeiten gelungen war, den Schmerz zu unterdrücken, desto sicherer war der Moment gekommen, da ihm weiß vor Augen wurde, und es von einer Klassenkameradin aus dem Unterricht hinaus in den Keller eskortiert werden mußte, in den Frauenruheraum, den einzigen Raum im Heim, der immer eiskalt ist. Einmal hat Nicole es begleitet, und unten, wo sich das Mädchen auf die Liege hat legen können, hat sie es zugedeckt, sich neben die Liege auf einen Stuhl gesetzt und ihm die Hand gehalten. Nach einer Weile hat sie sich getraut und das Mädchen gefragt, was das eigentlich für ein Gefühl wäre, wenn das Blut unten so aus einem rausläuft, also, wenn man sozusagen eine richtige Frau sei. Da ist dem Mädchen sehr übel geworden, ganz plötzlich, und es hat sich aus Versehen in den Schoß von Nicole hinein übergeben müssen, nur Galle zwar, aber ihm war seine Schuld nahezu untilgbar erschienen, und es hatte die nächsten drei Tage lang Nicole nicht mehr in die Augen blicken können.

An den Samstagen, wenn viele der anderen das Gelände verlassen, sei es, um zu ihren Eltern zu gehen, sei es, um sich, wenn sie über vierzehn Jahre alt sind, in der Stadt zu amüsieren bis abends um acht, bleibt das Mädchen im Heim. Es beneidet keinen von denen, die das Gelände verlassen, denn es weiß ja, wie es draußen zugeht: Man steht mit einem leeren Eimer auf einer Geschäftsstraße und wartet.

An diesen Samstagen, gleich nach der Spindbesichtigung, geht es in den Aufenthaltsraum und schaut, ob sich jemand findet, mit dem man ‹Mensch ärgere dich nicht› spielen kann. Wenn sich niemand findet, mit dem man ‹Mensch ärgere dich nicht› spielen kann, setzt es sich an einen der mit Sprelacard belegten Tische und beginnt, in der ihm eigenen, sehr langsamen Art auf herumliegende Papierfetzen irgend etwas, was ihm gerade einfällt, zu schreiben oder zu zeichnen. Dann faltet es die Fetzen zusammen, zieht den Anorak an, geht hinaus und schlendert über das schlammige Gelände. Es wirft keinen einzigen Blick hinüber zur Pförtnerloge, an der heute viele Menschen zugange sind, weil Besuchstag ist, gar nicht aus Trotz, sondern es vergißt einfach hinzuschauen, es ist in Gedanken.

Je länger es im Heim wohnt, desto besser lernt es das Gelände kennen, und diese bessere Kenntnis des Geländes geht damit einher, daß es sich nach und nach langsamer bewegen muß, um alle die besonderen Punkte, die es inzwischen kennengelernt hat, beim Gehen noch berücksichtigen zu können und auf sich wirken zu lassen. Am Anfang hatte es die rückwärtige Seite des Küchengebäudes als eine einzige, lange Wand wahrgenommen, nach einiger Zeit aber fällt ihm auf, daß sich in dieser rückwärtigen Wand eine Einbuchtung befindet, eine ziemlich geräumige Nische, die den Hintereingang zur Küche in sich birgt, und dort, in dieser Nische, stellt der Milchdienst seine Kästen ab, die Küchenangestellten öffnen dann von innen die Tür und ziehen die Kästen zu sich herein. War das Mädchen also noch neulich eine fünfzehn Meter lange Wand entlanggegangen, so muß es jetzt, will es der Wand gerecht werden, auch die Einbuchtung abschreiten und in Betracht ziehen, muß schauen, ob die Milchlieferung angelangt ist, ob die Kästen eben in die Küche hineingezogen werden oder ob es auf die Milch schneit, und ähnliches. Manchmal, wenn niemand es beobachtet, tastet es diese Wand sogar ab, um sich zu vergewissern. Zu Beginn seines Aufenthaltes hier war ihm auch der Hügel, der sich am Rand des Geländes befindet, recht klein erschienen, aber nun muß es, nachdem es Schritt für Schritt hinauf- und hinuntergestiegen ist, feststellen, daß der Hügel doch eine beträchtliche Höhe hat und schwieriger zu ersteigen ist, als auf den ersten Blick ersichtlich war. Schweißtropfen waren auf des Mädchens Nase erschienen, noch bevor es oben angelangt war. Es wird nun, wenn es an diesem Hügel vorübergeht, ihn nicht mehr als kleinen Hügel abtun können, eben weil es ihn besser kennt, es wird ihn mit anderen Augen betrachten, und mehr Zeit brauchen für diese Betrachtung, es wird die lange Zeit, derer es bedurft hatte, diesen Hügel zu besteigen, in Rechnung stellen, auch wenn es ihn nur mehr ansieht. Es wird den Hügel zwar noch einige Male, allerdings unter immer größerem Zögern, und später überhaupt nicht mehr besteigen, nicht allein aufgrund des körperlichen Exzesses, den eine jede Besteigung bedeutet, es ist auch die Konzentration, die an seinen Kräften frißt, die Konzentration auf das Phänomen, daß der Berg unter seinen Füßen gleichsam zu wachsen anfängt, daß er förmlich quillt, indes das Mädchen seine Wölbung abschreitet. Allmählich wird es dazu übergehen, einfach am Fuße des Berges zu verweilen und eine Handvoll aufgeworfene Erde oder eine

Spur im Schlamm, in der sich Schmelzwasser gesammelt hat, zu betrachten oder, wenn möglich, zu betasten, und wird eine ganze Landschaft in diesem Erdhaufen, in dieser Schlammkuhle wiederfinden. Eine solche statische Betrachtung ersetzt den beschwerlichen Spaziergang auf durchaus würdige Weise, findet es.

Bist du vom Mond gefallen?, hatte es anfangs während des Sportunterrichts geheißen, denn es war den anderen unglaublich erschienen, daß das Mädchen keine der Regeln für die verschiedenen, unter Kindern üblichen Ballspiele kannte, und so war es zum Schrecken für jede ehrgeizige Mannschaft geworden. Damals aber hatte es noch Sätze machen können, immerhin, plumpe Ausfälle nach rechts und links, die zwar nichts bewirkten, aber doch den Eindruck hervorriefen, das Mädchen versuche zumindest, sich auf sinnvolle Weise am Spiel zu beteiligen. Zwar gelingt es ihm inzwischen, die Regeln für Basketball, Volleyball und Völkerball in seinem Kopf zu bewahren, aber es weiß nun auch, daß Hunderte von Möglichkeiten bestehen, etwas falsch zu machen. Dieses Wissen beraubt seine Bewegungen des dumpfen Schwunges, den sie bisher noch immer besessen hatten. Das Mädchen wird von einer Starre ergriffen, wie ein fleischerner Block steht es auf dem Spielfeld, zwischen seinen glatthäutigen und beweglichen Klassenkameradinnen, es hat Angst vor dem Ball, und sein Vermögen, ihm wenigstens auszuweichen, ist in stetem Niedergang begriffen. Dann passiert es, und der Ball schießt ihm genau in die Arme, die es verschränkt gehalten hat, und noch ehe es weiß, wie es dazu gekommen ist, hält es diesen erschreckenden Ball fest, es hält ihn fest und hält ihn fest, ohne sich von der Stelle zu rühren, und die anderen schreien, und das Mädchen horcht darauf, wie diese Schreie sich unter dem Dach der Turnhalle überkreuzen.

Nun ist es draußen noch dunkel, wenn geweckt wird. Der diensthabende Erzieher schlägt gegen die Tür, und kurz darauf, wenn er sich auf dem Rückweg durch den Gang befindet, reißt er sie einen Spalt weit auf, langt mit der Hand herein und schaltet das Neonlicht an. Die drei Zimmergenossinnen des Mädchens wälzen sich in ihren Betten, ihre Augen sind noch geschlossen. Mitten in ihre Träume stößt das Reglement hinein, und der erste Gedanke nach dem Traum ist unvermeidlich der Gedanke an die bevorstehende Prüfung in der Schule, jeden Tag steht eine

Prüfung bevor, kein Tag im Winter, an dem nicht irgend etwas geprüft würde, sobald man nur einen Fuß aus dem Bett gesetzt hat, ist man schon im Rachen der Prüfung. Mit einem Herzen voller Verweigerung erheben sich diese Nymphen und fahren barfüßig in die zertretenen Hausschuhe, sie schlurfen aus dem Zimmer, über den Gang, hin zum Waschraum, dort putzen sie sich ihre weißen Zähne. Um diese Selbstverständlichkeit des Widerwillens beneidet das Mädchen sie, um diese Klarheit der Fronten, um die Vollkommenheit ihrer schlechten Laune, um das unbestreitbare Recht dieser Kinder auf Trotz.

Das Mädchen selbst liegt mit offenen Augen im Bett, lange bevor an die Tür geschlagen wird, ist es schon wach, die Decke bis zum Kinn hinaufgezogen liegt es da, während die anderen drei noch schlafen, es bewegt sich nicht, aber es schaut. Seine Augen haben sich an die Dunkelheit gewöhnt, und so beobachtet es die drei andern, wie sie in ihren Betten liegen. Sie liegen ungeordnet da, die Decke zwischen die Beine geklemmt, mit offenem Mund, aus dem der Speichel aufs Kopfkissen rinnt, sie haben sich ganz in den Schlaf verlaufen, Mandy, die Zwergin, zählt im Schlaf, sie zählt Millionen und Abermillionen, die beiden anderen sind ruhig, Nicole schläft mit halboffenen Augen, aber das ist nur ein physischer Defekt, das Mädchen hat es nachgeprüft: Eines Nachts ist es an das Bett von Nicole geschlichen und hat ihr eine Hand vor die halbgeöffneten Augen gehalten, ohne daß etwas geschehen wäre. Das Kreuz, das Babette an einer ledernen Schnur um den Hals trägt, prägt seinen Abdruck jetzt in ihre Kehle, eingezwängt zwischen Kissen und Kehle. Keine der drei Schlafenden weiß, daß ihre Schlafenszeit bald abgelaufen sein wird, denn sie sind mitten im Traum, aber das Mädchen weiß, daß binnen kurzem an die Tür geschlagen werden wird. Und dies zu wissen, ist weit furchtbarer, als von dem Schlagen aus dem Schlaf gerissen zu werden.

Am 13. Februar ist die Stadt zum ersten Mal bombardiert worden, sie ist einmal bombardiert worden, und dann, als die Menschen aus den Kellern gekrochen sind, gleich noch einmal, sie ist so sehr bombardiert worden, daß der Fluß, an dem die Stadt liegt, zu kochen begonnen hat, und von der Stadt ist nichts übrig geblieben. Jetzt, da das Bombardement lange her ist, gibt es die Stadt wieder, und es gibt dieses Kinderheim in der Stadt, und man hat die Kinder versammelt, der Direktor möchte eine Rede halten. Es ist Nachmittag, die Kinder sitzen im Speisesaal, die Tische sind heute weiß gedeckt, auf jedem Tisch stehen eine brennende Kerze und ein Teller mit Torte, aber die Torte darf erst gegessen werden, wenn der Direktor mit seiner Rede fertig ist. Das Mädchen sieht die weißgedeckten Tische und die Kerzen, aber vor allem sieht es die Torte, und es lauert auf das Ende der Rede. Es lauscht genau auf das, was der Direktor sagt, um das Ende der Rede nicht zu verpassen, und es hat das größte Stück Torte fest im Blick. Aber dann geschieht etwas, das noch nie vorgekommen ist: Das Mädchen verliert den Appetit, und zwar an der Stelle der Rede, als der Direktor von dem kochenden Fluß erzählt, und davon erzählt, daß diejenigen, welche sich in den Fluß hineinflüchten wollten, um dem Feuer zu entgehen, gekocht worden seien. Heißa!, sagt Maik, und Björn reibt sich den Bauch, um einen Menschenfresser zu imitieren, aber das Mädchen verliert allen Appetit, es steht vorsichtig vom Tisch auf und bittet die Sitzenden wortlos, indem es die Hände aneinanderlegt, die Stühle so zu rücken, daß es hinausgelangen kann. Es geht in die Küche, dort setzt es sich auf einen der Hocker. Es bleibt da sitzen, mit Ausblick auf das immense Hinterteil einer der Köchinnen, die sich durch die Luke hinauslehnt, um der Rede des Direktors zuzuhören. Es fragt in den Rücken der Köchin hinein: Warum wird eine Geburtstagsfeier veranstaltet, wenn die Menschen gekocht worden sind? Es fragt unsicher, aber die Köchin hat es deutlich gehört, so als wäre die Frage aus einem anderen Stoff gemacht als aus Luft, und hätte sie gestreift. Sie dreht sich zu dem Mädchen um, wie wenn sie aus einem tiefen Schlaf erwachen würde, und sagt: Man muß es feiern, wenn man es nicht vergessen kann.

An manchen Tagen kämmt das Mädchen sich nicht und ist sehr still, stiller noch als gewöhnlich, und ist so müde, daß es mitten im Unterricht einschläft. Die Lehrer bemerken das nicht, weil das Mädchen dabei den Kopf in die Hände stützt, als dächte es nach, eine Technik, die es sich von seinen Klassenkameraden abgeschaut hat. An einem solchen Tag ist Nicole in der Pause zu dem Mädchen gekommen und hat es gefragt, ob es traurig sei. Sie hat sogar versucht, den Arm um das Mädchen zu legen, aber das war unbequem, weil dessen Schultern so breit sind, und da hat sie ihn wieder heruntergenommen. Das Mädchen hat nur gesagt, es wolle schlafen, es sei so müde, müde, müde. Nicole hat ihm nicht geglaubt, sondern den Zeigefinger gehoben und gesagt: Du darfst nicht traurig sein! Und weil das Mädchen niemals etwas tut, was es nicht tun darf, hat es daraufhin angefangen zu lächeln.

Es gibt einen geheimen Treffpunkt, das ist ein Schuppen, dessen Schloß nicht mehr funktioniert. Der Hausmeister holt nur sehr selten etwas aus diesem Schuppen: Laubrechen, wenn Laub gefallen ist, Schneeschieber, wenn Schnee gefallen ist. Und wenn er das Laub gerecht oder den Schnee geschoben hat, bringt er die Geräte zurück in den Schuppen, und hängt das Schloß so ein, als würde es schließen, aber es schließt nicht mehr. Oft hatte das Mädchen sich gewundert, wohin seine Klassenkameraden nach der Schule verschwunden sind, es hatte die Augen offengehalten, wenn es seine langsamen Gänge über das Gelände ging, und war auf diesen Gängen nur selten einem von ihnen begegnet. In letzter Zeit aber haben seine Klassenkameraden keine Mühe mehr aufgewandt, ihren Treffpunkt vor dem Mädchen verborgen zu halten. Durch seine Schweigsamkeit ist es im Wert gestiegen, das heißt, es stört nicht. Wenn es die Tür zu dem Schuppen aufstößt, drehen die anderen sich nicht einmal mehr zu ihm um. Es darf sich zu ihnen stellen, an den Rand des Kreises der heimlichen Raucher oder Raucherinnen, und, wenn ihm kalt ist, wieder gehen, ohne daß es für das eine oder das andere zur Rede gestellt würde. Einmal bietet Saskia ihm sogar eine Zigarette an, aber es sagt nein. Großmutter, warum hast du aber dann so gelbe Zähne?, kreischt Saskia und beugt sich weit zurück, so daß man sehen kann, wie groß ihr Busen schon ist. Es geht ihr nicht darum, das Mädchen zu kränken, und das Mädchen weiß das. Es ist gewohnt, daß man es verwendet, daß man es bei den Schultern nimmt und herumdreht, es vorbeugt oder seine Knie einknickt, um einen Tanzschritt oder ein Spiel oder sonst irgend etwas zu demonstrieren, es weiß, daß es sich gut dazu eignet, den Grund für ein Gelächter abzugeben, das so laut ist, daß es die Blicke auf den Lachenden zieht, anstatt auf den Gegenstand des Lachens. In diesem Sinne hat Saskia den Scherz über das Mädchen gemacht, ohne es jedoch eigentlich der Lächerlichkeit preisgeben zu wollen, vielmehr will sie die Aufmerksamkeit des Knaben, der neben ihr steht, auf sich lenken. Es ist der vogelgesichtige Maik, mit dem sie sich neulich geohrfeigt hat, der soll lachen, aber er lacht nicht, sondern raucht und bläst den Rauch durch die Nase und blickt ihm nach, wie er sich im Halbdunkel, zwischen Rechen und Schneeschiebern, verflüchtigt. Saskia schaut zu ihm auf, wie Frauen zu einem Mann aufschauen, Maik aber blickt geradeaus, wie Männer geradeaus blicken, wenn eine Frau zu ihnen aufschaut. Die Großmutter mit den gelben Zähnen steht neben dem Kreis, etwas außerhalb, sie ist augenblicklich wieder in Vergessenheit geraten, so fühlt sie sich wohl. Draußen stürmt es, aber in diesem Schuppen ist kein Wind.

Einmal ist das Mädchen in den Schuppen gekommen, die Sonne war schon untergegangen, es wollte nur einmal vorbeischauen, ob vielleicht noch jemand darin ist, auf leisen Sohlen ist es hereingekommen, weil es von Natur aus leise Sohlen hat, und hat sofort bemerkt, daß etwas nicht stimmt. Es ist nahe bei der Tür stehengeblieben, im Schatten, und hat auf den hinteren Teil des Schuppens geblickt, in den durch kleine, hochgelegene Fensterchen von draußen das Licht einer orangefarbenen Straßenlaterne einfällt. Die beiden Knaben, die in dem Schuppen waren, haben nicht bemerkt, daß das Mädchen eingetreten ist, weil es kein Geräusch gemacht hat. Es ist da stehengeblieben und hat die zwei Knaben gesehen, den einen liegend auf einem Stapel hart gewordener Zementsäcke, den anderen an seiner Seite hockend. Es hatte nicht so recht begreifen können, was vorging, und war deshalb, aus Neugierde, stehengeblieben. Der Liegende hat seine Hose geöffnet, und den Oberkörper mit einer Zeitung bedeckt. Der Hockende hält das Glied des Liegenden in seiner tintenbefleckten Hand und reibt es. Er spricht dabei, er hat einen Sprachfehler und lispelt. Er lispelt: Ich bin Nicole, deine Nicole, küß mich, Dennis, ich bin Nicole, deine Nicole, ich habe so auf dich gewartet. Beide Knaben atmen schnell, stoßen ihren Atem in weißen Wolken von sich, es ist kalt. Der Hockende reibt das Glied seines Freundes heftiger. Er lispelt: Ich zeige dir meine Brüste, Dennis, ich bin Nicole, deine Nicole, faß mich an, faß mir zwischen die Beine, ich bin schon ganz naß, Dennis, Dennis, ich will, daß du ihn mir reinsteckst, steck ihn mir rein, Dennis, steck ihn mir rein. Der liegende Knabe stöhnt auf, er hält sich an seinem Freund fest, der Samen spritzt aus seinem Schwanz und geht als Regen auf die Zeitung hernieder, das Mädchen hört das Prasseln und verläßt den Schuppen. Es geht die Pappelallee ein Stück hinunter, dann bleibt es stehen, greift nach einer der Pappeln, beugt sich zum Wegesrand hin und übergibt sich gründlich.

Den inneren Schweinehund bekämpfen, hatte die Sportlehrerin gesagt. Inzwischen geht die Schwäche des Mädchens weit über den Sportunterricht hinaus. Da ist die Anstrengung, sich im Sitzen zum Ranzen zu bücken, um ein Buch herauszunehmen, oder die Ohnmacht, auf zwanzig Meter Entfernung jemandem auf eine Frage in der nötigen Lautstärke zu antworten. Eine Zeitlang, zum Beispiel, wenn alle zusammen im Sprechchor eine Prügelei angefeuert haben, war es ihm sogar vorgekommen, als sei seine Stimme stärker geworden. Aber jetzt macht es sich nichts mehr vor. Es hatte seine eigene Stimme mit der Stimme des Sprechchores insgesamt verwechselt, hatte gemeint, lauthals zu rufen, und dabei war beinahe gar kein Ton aus seinem offenen Mund gekommen. Wenn es in der Dämmerung auf seiner Stange sitzt, kann es von ferne sehen, wie Maik, Björn und die anderen Fußball spielen, wie sie freiwillig rennen und schießen, bis zum Einbruch der Dunkelheit, und selbst muß es schon froh sein, daß es ihm überhaupt noch gelingt, seinen Körper auf diese Stange hinaufzuhieven, auf der es so gern sitzt. Inwendig wird es von einem Satz verfolgt, den vor langer, langer Zeit jemand, an den es sich nicht mehr erinnert, zu ihm gesagt hat: Was du mit den Händen aufbaust, reißt du mit dem Arsch wieder ein. Vielleicht kommt daher seine Schwierigkeit, sich zu bewegen. Das Mädchen hatte immer nach rechts und links gesehen, um das Richtige zu tun, aber jetzt, nachdem es schärfer sehen kann und die Vielfalt an Menschen wahrnimmt, die sich in seinem Umfeld auf tausenderlei Weise bewegen, da kann es sich nicht mehr für das Richtige entscheiden, weil es nicht mehr weiß, was das Richtige ist. Alles, was es tut, erscheint ihm noch im selben Augenblick so falsch, daß es die Tat wieder zurückrufen möchte, niemals hatte es jemanden kränken wollen, muß nun aber feststellen, daß es beinahe keine Handlung gibt, an der nichts Kränkendes für irgend jemanden wäre. Dabei läßt sich dieses am Handeln Verhindertsein durchaus nicht als Unselbständigkeit bezeichnen, wie die Lehrer es in pädagogischer Absicht dem Mädchen gegenüber häufig tun, es gleicht vielmehr einer Lähmung. Sogar einen solchen einfachen Gedanken in Handlung aufzulösen, wie etwa den, eine Hand heben zu wollen, wird für das Mädchen mit fortschreitendem Aufenthalt in dieser Anstalt zur Unmöglichkeit. Wer die Hand hebt, hatte kurz zuvor die Hand heben wollen, wer lacht, hatte kurz zuvor lachen wollen, wer nein sagt oder ja sagt, hatte kurz zuvor nein sagen oder ja sagen wollen, also jeder,

der etwas tut, muß das, was er tut, kurz zuvor gewollt haben. Kaum hat man etwas getan, steht schon der Wille ganz nackt dahinter, und das ist dem Mädchen etwas so außerordentlich Peinliches, das Mädchen will ja gerade nichts, es will das, was alle wollen, aber das gibt es nicht. Und in dem Moment, da ihm das klar wird, wird ihm auch klar, daß seine Kräfte es verlassen.

Der Schnee ist grau geworden, schwarz geworden, dann geschmolzen, und jetzt gibt es große Wasserlachen. Dann fängt die Sonne an zu scheinen. Das Mädchen setzt sich am ersten warmen Samstag, während die anderen zusammen einen Wochenendausflug unternehmen, in den leeren Aufenthaltsraum und schreibt einen Brief, einen kurzen Brief auf einen Papierfetzen, schreibt sehr langsam, wie es seine Art ist, Majuskel um Majuskel, so wie ein Wasserhahn tropft, jeder Buchstabe steht einsam da, ohne Verbindung zu seinen Nachbarn. Das Mädchen faltet das Papier und schreibt in Großbuchstaben auf die Außenseite: AN MICH. Dann steht es von dem mit Sprelacard belegten Tisch, an dem es geschrieben hat, auf und zieht seinen Anorak an. Es stopft den Brief in die Innenseite des Anoraks, ans Herz, und geht hinaus in den Sonnenschein. Es setzt Fuß vor Fuß. Zum Tierfriedhof spaziert es, den Nancy heimlich angelegt hat, für die armen Ratten, die armen Mäuse, die armen Vögelchen, zu den kleinen Kreuzen aus Holz, in welche phantastische Namen eingeritzt sind, die Nancy den Kreaturen zur Feier ihres Todes verliehen hat. Gleich neben dem Tierfriedhof wirft es den Brief ein, es bückt sich und steckt ihn zwischen die Latten einer alten Obstkiste, die kopfüber neben einem mit einem Ziegelstein markierten Grab steht und vor sich hin fault. Das Grab ist die letzte Ruhestätte der Taube Kamikaze. Das Mädchen kennt die Geschichte. Die Taube war eines Morgens mit großer Wucht gegen das Fenster von Nancys Zimmer geflogen und dann mit gebrochenem Genick zu Boden gestürzt.

Der Brief fällt ins phosphoreszierende Halbdunkel, zu den anderen Briefen, die AN MICH adressiert sind. Diese Briefe wären, wenn jemand sie fände und auseinanderfaltete, voller Sand, auch wären nicht mehr alle Worte ohne Mühe lesbar, sie sind verwischt und verblaßt, weil schon oft Schnee auf die Kiste gefallen ist oder Regen, manche von ihnen sind sogar vollkommen verblichen, sind nur noch gefaltete, schmutzigweiße Blätter. Aber niemand findet die Briefe, niemand faltet sie auseinander, und niemand macht sich die Mühe, sie zu lesen.

Einer von ihnen lautet: SEI NETT, SONST WIRST DU ERSCHLAGEN. VIELE GRÜSSE DEINE MAMA.

Ein anderer: GEH NIE WIEDER OHNE MÜTZE INS DUNKLE, SONST FRESSEN DICH DIE RABEN. VIELE GRÜSSE – DEINE MAMA. Diesem Brief ist eine Skizze beigefügt, auf der sieht man sieben schwarze Vögel mit Regenschirmen herbeifliegen, der Schwarm ist so dicht, daß kaum Platz für den Himmel dazwischen bleibt. Die Skizze ist untertitelt: DIE BRÜDER. Inzwischen aber ist die Schrift verlaufen, die Skizze bis zur Unkenntlichkeit verblaßt.

STECK DEINEN KOPF NICHT SO WEIT AUS DEM FENSTER, ER KÖNNTE SONST ABBRECHEN. VIELE GRÜSSE – DEINE MAMA, ist einer der besser erhaltenen Briefe. Auch diesem ist eine Skizze beigefügt, die zeigt, wie einer seinen Kopf durch einen Rahmen steckt, aber die obere Kante des Rahmens ist scharf gezackt, wie die Schneide eines Messers, von dieser Schneide führt ein Pfeil direkt hinunter auf den Hals desjenigen, der den Kopf durch den Rahmen steckt, und unter der Skizze steht: ICH BIN ZU NEUGIERIG.

Ein anderer Brief enthält überhaupt nur eine Skizze. Sie zeigt eine sehr dicke Person, ob Mann, ob Frau, ist nicht zu erkennen, vielleicht soll es ein Schneemann sein, denn das Wesen setzt sich aus drei übereinandergehäuften Kugeln zusammen, allerdings fehlen die Knopfreihe, die Mohrrübe und der Besen. Diese Person ist mit zwei langen, sich kreuzenden Strichen für ungültig erklärt. Darunter steht: HUNGER UND DURST. Die Person selbst ist kaum mehr zu erkennen, aber die beiden Striche sind noch deutlich, mit denen sie durchgestrichen wurde, und die Untertitelung ist in der Feuchtigkeit verlaufen, aber noch lesbar.

Der Brief, den das Mädchen heute eingeworfen hat, lautet: DU BIST FÜR MICH GESTORBEN. VIELE GRÜSSE – DEINE MAMA. Hier, wie in sämtlichen anderen Briefen, gibt es keinen einzigen Buchstaben, der eine Rundung aufweist: das D hat keinen Bauch, sondern vier Ecken, das S ist keine Schlange, sondern ein Blitz, und das O ein leeres Quadrat. Wie in Stein gehauen sehen die Buchstaben aus, aber das Wetter wird an ihnen fressen, so wie es schon an den anderen Briefen gefressen hat.

Am nächsten Morgen liegt das Mädchen in aller Frühe im Bett und wappnet sich für den Moment, in dem an die Tür geschlagen werden wird. Dann wird an die Tür geschlagen. Das Mädchen will aufstehen, aber es kann nicht aufstehen. Seine Beine kommen ihm so schwer vor, als wären sie gefroren. Da fängt es zu weinen an. Die drei anderen treten verschlafen und barfüßig an sein Bett und fragen, was es denn habe, aber das Mädchen kann sich nicht erklären. Steh doch auf. Das Mädchen kann nicht. Nicole kniet am Bett nieder und weiß nicht, was sie sagen soll. Sie blickt in dieses große, fleckige Gesicht, das, nun stumm, ihr zugewandt ist, wie auf die Oberfläche eines unbekannten Planeten. Sie hat Angst vor dieser reglosen Masse, und gleichzeitig schämt sie sich dafür, daß sie Angst hat. Das Mädchen hat seinen Kopf wieder in die Kissen gelegt und rührt sich nicht. Das einzige, was sich an ihm bewegt, ist der Rotz, der ihm aus der Nase läuft. Nicole zieht ein Papiertaschentuch aus dem Ärmel ihres Nachthemds und wischt dem Mädchen die Nase sauber. Das Mädchen bedankt sich.

Dann wird es geholt. Es wird auf eine Liege gehoben und zur Krankenstation transportiert, auf der es anfangs so oft hatte liegen müssen. In der letzten Zeit war es gesünder gewesen. Langsamer, aber gesünder. Jetzt hat es ein Sechs-Bett-Zimmer ganz für sich allein, denn niemand anderem würde es einfallen, ausgerechnet im Frühjahr krank zu werden. Anfangs läßt es sich einige Male in einen Rollstuhl heben und fährt – überraschenderweise aufjauchzend – mit hoher Geschwindigkeit den Flur hinunter. Dann wird es stiller, es bleibt im Bett liegen, einen Tag, und noch einen, und noch einen, und wartet auf Besuch. Es glaubt, daß die anderen nicht kommen können, weil sie für die große Chemiearbeit lernen müssen. Es vergeht der Tag der Chemiearbeit, und noch ein Tag, und noch einer, und niemand kommt. Aus der Zeit geworfen liegt das Mädchen im Krankenbett, aber es erinnert sich genau an das Gesicht, das jeder der Wochentage besessen hatte. Eine tiefe, pünktliche Erinnerung bewahrt es über den Stundenplan jedes einzelnen Wochentages in sich auf, pünktlich fühlt es die Gefühle, die es an jedem dieser Tage, als es noch zur Schule ging, gefühlt hat, und hält so die Verbindung zu seinen kleinen Freunden. Gott sei Dank hängt eine Uhr im Krankenzimmer, so daß es immer weiß, welches Gefühl an der Reihe ist. Kann es sich auch nicht bewegen, so behält es doch immer diese Uhr im Blick.

So empfindet es am Montag von acht Uhr bis neun Uhr fünfunddreißig Englisch, mit einer kleinen Pause dazwischen. Dann ein Gefühl für die große Pause. Von neun Uhr fünfundfünfzig bis zehn Uhr vierzig empfindet es Chemie, danach, von zehn Uhr fünfundvierzig bis elf Uhr dreißig, Biologie. Großes Pausengefühl. Schließlich, ab elf Uhr fünfzig, wird es von der Erschöpfung ergriffen, die es jedesmal während des Sportunterrichts befallen hatte. Pünktlich um zwölf Uhr fünfunddreißig atmet es auf, wie alle Kinder Tag für Tag bei Schulschluß aufatmen. Man könnte meinen, alle diese Minuten, Stunden und Tage, die das Mädchen ans Bett gefesselt durchlebt, wären neu, noch nie dagewesen. Aber das ist nicht so, sie sind nicht neu, sie wären sogar überhaupt nicht vorhanden, wenn es sie, in der glücklichen Zeit des Mädchens, nicht schon einmal gegeben hätte. In diesem Sinne folgt der Dienstag nicht auf einen Montag, sondern bezieht all seine Kraft aus der Tatsache, daß er ein Dienstag ist, Woche für Woche immer wieder ein Dienstag – kenntlich an einer bestimmten Folge von Unterrichtsfächern und Pausen. Dem Mädchen ist es zwar körperlich unmöglich, an den Ort seiner Tat zurückzukehren, dafür aber lehrt es die Erinnerung das Stottern.

Nach Schulschluß, nach dem genau plazierten Aufatmen schläft das Mädchen meistens ein, denn über das Gesicht der Zeit nach dem Schulschluß, das Gesicht der Freizeit, hatte es niemals vollkommene Gewißheit erlangen können, es weiß nicht, ob es glücklich sein soll oder angestrengt oder gleichgültig oder voller Ekel, um es angemessen wiederaufersteht zu lassen. Tausenderlei Gesichter hatte diese Zeit gehabt, sie hatte sich jeglicher Planung entzogen, war vom Wetter, von den Hausaufgaben, von den in Aussicht stehenden Vergnügungen abhängig gewesen, manchmal auch war sie ein großes Geheimnis geblieben, und das Mädchen hatte gar nicht erst erfahren können, was vorging. Daher hat es jetzt, das heißt montags ab zwölf Uhr fünfunddreißig, dienstags ab dreizehn Uhr fünfundzwanzig, mittwochs ebenfalls ab dreizehn Uhr fünfundzwanzig, donnerstags erst ab vierzehn Uhr dreißig und freitags schon ab elf Uhr dreißig, nichts, woran es sich halten kann. Deshalb schläft es in dieser Zeit. Unterbrochen wird der Schlaf nur noch vom Essen, das draußen, bei den anderen, zur gleichen Zeit angesetzt ist: Tee und Kuchen um fünfzehn, Abendbrot um achtzehn Uhr. Nur auf diese Weise kann es sich selbst glauben machen, alles hielte den Atem an und bliebe vertraut. Das Mädchen blickt nicht aus dem Fenster, vor dem die Bäume langsam ihr Grün entfalten. In seinem Kopf schneit es fort und fort.

Einmal wacht es auf, zehn Minuten nach acht Uhr an einem Donnerstag, es hat den Beginn der ersten Stunde verschlafen: den Beginn des Sportunterrichts. Die anderen sind bereits angetreten, haben womöglich schon mit den ersten Wettkämpfen begonnen. Einen kurzen Moment lang fährt Hitze durch den lahmen Körper des Mädchens, die Hitze des Erschreckens darüber, daß es verschlafen hat. Ihm ist nicht klar, wie das hat passieren können, denn auf der Krankenstation wird um sechs Uhr geweckt. Jeder dieser Donnerstage im Winter hatte mit einem Sportunterricht in der Morgendämmerung begonnen. Während des Ausdauerlaufs war die Sonne aufgegangen. Heute will die Sonne aber nicht aufgehen. Etwas ist falsch. Als die Schwester hereinkommt und den Tee für die Nacht bringt, wird dem Mädchen klar, daß es sich in der Tageszeit geirrt hat. Es ist gar nicht morgens, es ist Abend. Wie eine Blinde ist es an die Zeit gestoßen, da muß es weinen. Und die Hand, mit der es sich sonst immer geschneuzt hat, ist schwer wie Blei, es kann sie nicht heben.

Vor dem ersten Wochenende graut dem Mädchen, denn für den Verlauf eines Wochenendes verfügt es über keinerlei kollektives, ihm und den anderen gemeinsames Gefühl. Am Wochenende hatte die Klasse sich zerstreut, die Vierzehnjährigen wurden ihren Eltern und den unterschiedlichsten Vergnügungen in die Arme getrieben, welche das Mädchen weder kannte noch kennen wollte. Es hätte nicht gewußt, was fühlen an diesen unendlichen zwei Tagen, wäre da nicht wenigstens die Spindabnahme gewesen. Wie ein Schiffbrüchiger sich an ein Stückchen Holz klammert, das auf dem weiten Ozean dahintreibt, so hält das Mädchen sich an der Erinnerung an die Spindabnahme fest. Sonnabends, am frühen Nachmittag, hatte diese Durchwühlerei und Herauswerferei von unordentlich aufgehäuften Sachen durch den diensthabenden Erzieher stattgehabt, welche als solche das Mädchen im Augenblick nicht interessiert – aber das kleine ‹s›, darauf kommt es an, das kleine ‹s› am Ende des Wortes ‹sonnabends›, so klein es ist, das ‹s›, es spendet dem Mädchen Trost. Dieses ‹s› steht für Ordnung und Regel, es bedeutet, daß man weiß, was zu tun, was zu lassen ist, und daß man überhaupt weiß, was ist. Dieses ‹s›

ist der kurze, aber prächtige Schweif all der Wochentage, die das
Mädchen im Gedächtnis zu bewahren vermag: montags, dienstags, mittwochs, donnerstags, freitags und sonnabends – er
erleuchtet des Mädchens Trugschluß: das, was war, für das zu
nehmen, was ist.

Den ganzen Sonntag über aber, während es da ins Bett gebannt
ist, ist dem Mädchen so zumute, als müsse es verhungern. Auch
am Sonntag kommt niemand zu Besuch.

Das Mädchen hört schließlich auf zu warten, möglicherweise, sagt
es sich, sei es sogar ein gutes Zeichen, daß keines dieser Kinder
sich dazu herabläßt, seinen riesigen atmenden Kadaver zu be-
sichtigen. Es glaubt, in dem Ausbleiben seiner Mitschüler jene
gesunde Gleichgültigkeit wiederzuerkennen, die ihm schon damals, angesichts eines unterlassenen Grußes oder einer geplatzten
Verabredung, aufgefallen war, und die es zu schätzen gelernt
hatte. Was es nicht weiß, ist, daß die Gleichgültigkeit, die ihm
die anderen jetzt entgegenbringen, gründlicher ist als vorgesehen. Anfangs wollte zum Beispiel Nicole auf jeden Fall in der
Krankenstation vorbeischauen, es war ihr jedoch immer wieder
etwas dazwischengekommen, bis sie sich schließlich eingestehen
mußte, daß sie eine Abneigung, ja sogar eine heftige Abneigung
dagegen empfand, das Mädchen zu besuchen. Ein großes, langsa-
mes Aufatmen geht durch die Klasse, als bekannt wird, daß es
sich bei der Abwesenheit des Mädchens wohl um eine länger-
fristige handele. Während nach anderen, die erkrankt sind oder
das Heim verlassen müssen, tage- und wochenlang gefragt wird,
während man bei diesen wissen möchte, ob sie Schmerzen haben
oder gar operiert werden sollen, bei jenen, wohin sie gekommen
und warum sie nicht hiergeblieben sind, selbst wenn sie nur
auf Durchgang in diesem Heim waren – im Gegensatz dazu
wird über den Verbleib des Mädchens nicht gesprochen. Dieses
Schweigen ist um so bemerkenswerter, als es der Stellung, die das
Mädchen eingenommen hat, nicht angemessen scheint. Es ist zu
groß. Es erzählt von einer außerordentlichen, untilgbaren Belei-
digung. Aber weder der vogelgesichtige Maik, noch Nicole, noch
Erik, der Banknachbar mit dem hohen technischen Verstand,
auch nicht Björn oder Saskia – niemand vermöchte zu sagen, was
das Mädchen getan hat, daß man es jetzt totschweigt. Nur eine
ungeheure Hoffnung blüht, es möge nicht zurückkehren.

Die Ärzte haben in einem unbedachten Moment den Körper des
Mädchens einen Knochensack genannt, dieser Ausdruck verfolgt
das Mädchen bis in den Schlaf hinein, es muß wieder träumen:
von verrutschten Ellenbogen, und von einem Schädel, der so
schwer ist, daß er unter der Haut hinabgleitet bis zwischen die
Knie, von offenem Fleisch, offen daliegenden Sehnen, die ineinander verwachsen sind, so daß man ein Messer nehmen muß und
sie durchschneiden.

Niemals, seit es im Kinderheim angekommen ist, hat das Mädchen das Gelände verlassen. Nichts in der Welt hätte es dazu
bewegen können, freiwillig durch das Tor hinauszugehen, sei es
auch nur für einen Moment, und an keinem der sehr begehrten
Gruppenausflüge noch an einer der Klassenfahrten hatte es teilgenommen. Aber nun ist es soweit, die Ärzte haben aufgehört,
ihr Handwerk zu verstehen, das ist furchtbar. Wir sind mit unserem Latein am Ende, sagen sie, als alle Untersuchungen angestellt
worden sind, welche auf der Krankenstation eines Kinderheims
angestellt werden können, und beschließen, das Mädchen zur
gründlichen Betreuung in das Allgemeine Städtische Krankenhaus zu überweisen. Als der Pfleger es auf die Trage hinüberhievt, sagt das Mädchen: Nur mit den Füßen zuerst! Aber ja,
antwortet der Pfleger, ist doch klar.

Im Städtischen Krankenhaus wird das Mädchen zwar in den Kindersaal gebracht, aber drüber und drunter und rechts und links
vom Kindersaal, da liegen schon die Erwachsenen und atmen.
Und jeden Tag zwischen vierzehn und siebzehn Uhr ist Besuchszeit, da füllt sich der Saal mit Menschen aus der Stadt, füllt sich
mit Müttern und Vätern, mit Blumen und Kuchen. Jeden Tag
zwischen vierzehn und siebzehn Uhr vergräbt das Mädchen sein
Gesicht im Kissen.

Bei strenger Diät geschieht, was niemand für möglich gehalten
hätte: Das Mädchen wird dünn. An seinem Körper beginnt die
überflüssig gewordene Haut Falten zu schlagen, das Gesicht
nimmt in ungeheuerlicher Weise Form an: Es wird ein erwachsenes Gesicht. Die Ärzte der Kinderabteilung sind die ersten, die
das bemerken. Mit ungläubigem Kopfschütteln finden sie sich
wieder und wieder am Bett des Mädchens ein, bald gesellen sich
auch Ärzte anderer Stationen zu dem von wissenschaftlicher

Schaulust erfüllten Grüppchen. Sie beobachten den fortschreitenden Prozeß und besprechen untereinander, wie eine solche Ungeheuerlichkeit möglich sei. Es ist, als nähme die Erregung und die Geschäftigkeit, mit der man sich um das Mädchen bemüht, aber auch das Ringen um Erkenntnis dessen, was das Mädchen sei, in ebendem Grade zu, in dem das Mädchen von Tag zu Tag schläfriger und schläfriger wird, kaum öffnet es noch die Augen, um die vielen weißbekittelten Menschen, die sich wieder und wieder an seinem Bett versammeln, zu unterscheiden, kaum hört es noch auf das diagnostische Geraune, wenn in seinem Beisein, so als sei es doch noch immer ein Kind, verschiedenste Überlegungen über seine Krankheit angestellt, besprochen und verworfen werden. Innerhalb von etwa zwei Wochen treten aus dem zwar rauhen und ungeschlachten, aber ehemals doch entschieden kindlichen Gesicht die Züge einer Frau hervor, so als wäre die Krankheit ein Künstler, dem es endlich gelungen ist, eine in Stein eingeschlossene Gestalt freizulegen. Als sei man sich darüber einig, daß diesem unnatürlich anmutenden Alterungsprozeß Schamlosigkeit innewohne, wird das Mädchen schließlich, ohne viel Aufhebens davon zu machen, mitsamt seinem Bett in ein Einzelzimmer gerollt und so den Blicken der Kinder, mit denen es bislang den Saal geteilt hat, entzogen.

Das Mädchen aber vergreist nicht vorzeitig und kontinuierlich, wie man es von den Altgeborenen kennt, deren Krankheit bekannt und beschrieben ist, sondern verharrt in seinem Älterwerden nach ungefähr zwei Wochen, als es das Aussehen einer etwa dreißigjähriger Frau erreicht hat. Und wie ein Erkennen immer unter zunehmender Beschleunigung stattfindet, ein jedes Begreifen lawinenartig vor sich geht, das heißt zunächst überhaupt nicht vor sich geht, dann, man weiß nicht von welchem Zeitpunkt an und aus welchem Grund, anhebt, und schließlich, wenn einmal der Mut gefunden ist, das Unmögliche für möglich zu halten, eine Gewalt wird, die durch niemanden und nichts mehr aufzuhalten ist, so geht auch der Prozeß des Erkennens, wer das Mädchen in Wahrheit ist, vor sich. Sei es, daß schon zu der Zeit, als das Mädchen noch im Kindersaal gelegen hatte, einer der zahlreichen Besucher aus der Stadt dieses sich formende Gesicht wiedererkannt hatte, sei es, daß die Ärzte die Knochensubstanz des Mädchens untersucht haben, etwa in dem Sinne, wie man Jahresringe an einem Baum zählt, und das Ergebnis weitergeleitet haben, und daß die Polizei daraufhin oder aufgrund einer anderen Meldung begonnen hat, in der Rubrik für vermißte Erwachsene nach dem Gesicht des Mädchens zu suchen, statt wie damals, als sich das Mädchen mit seinem Eimer angefunden hatte, in der Rubrik für vermißte Kinder. Vielleicht ist auch mehreres zusammengekommen, jedenfalls wird, was bisher als wirkliche Existenz wahrgenommen worden ist, nun als gezielte Täuschung erkennbar, als eine Maskerade, und weiter nichts. Das Mädchen, das nun kein Mädchen mehr ist, hat sein Kostüm abgelegt, die eigene Haut, und den Mummenschanz vor aller Augen beendet, so als sei seine Kindheit nichts als ein Scherz gewesen, als sei es ihm gegeben gewesen, in der Zeit herumzuspazieren wie in einem Garten, und in dieser Haltung liegt, bei aller Bescheidenheit, die das Mädchen als Kind an den Tag gelegt hat und die es auch jetzt unverändert an den Tag legt, etwas Anstößiges, etwas Hochmütiges, den Lauf der Dinge Verachtendes, ja Gott Versuchendes. In dieser Empfindung ist sich das weißbekittelte Publikum des unerklärlichen Schauspiels einig, aber darüber wird nicht gesprochen. Mit Befriedigung, wie ein fälliges Opfer, nimmt man deshalb zur Kenntnis, daß die Patientin jetzt häufig weint, sie weint selbst mit geschlossenen Augen, im Schlaf, ihr Schelmenstreich ist gestrandet, ihr Versuch, die Zeit anzuhalten, fehlgeschlagen.

Am Mittwoch führt der Arzt eine greise Dame in das Einzelzimmer. Durch die Gitter vor den weit geöffneten Fenstern dringt der Duft von Flieder. Die Dame ist erschöpft. Die Scham steht ihr ins Gesicht geschrieben. Der Arzt schiebt sie dichter an das Bett heran. Sehen Sie, dies ist Ihre Mutter, sagt er zu der, die lahm im Bett liegt. Die Mutter schweigt. Ach, du bist meine Mutter, sagt die, welche das Mädchen gewesen war, und öffnet sehr langsam die Augen, ich kann mich gar nicht an dich erinnern.

Text und Kommentar

Erste Leseeindrücke

*Halten Sie Ihre ersten Leseeindrücke stichwortartig und ungeordnet **schriftlich** fest. Vergleichen Sie sie anschließend mit den Aufzeichnungen aus einem Grundkurs des 12. Jahrgangs.*

Lisa hat notiert:

- fesselnder Einstieg
- interessante Erzählperspektive
- die Person des Mädchens ist sehr undurchsichtig
- es entwickeln sich beim Leser sofort Vermutungen in alle Richtungen
- das Kind widerspricht sich in seinen Verhaltensweisen
- Spiegel !! (welche Bedeutung hat er im Buch?)
- In welcher Zeit spielt die Geschichte?
- Was meint das Kind, wenn es von einem „alten" und einem „neuen" Leben spricht?
- Das Kind hat keinen Namen – warum? Was bedeutet das?

Daniel hat festgehalten:

- Interessante Erzählung, aber schwer zu verstehen
- einige Formulierungen und Begriffe passen nicht in den Text (Absolution, im Fleisch der Kinder einnisten, geheimer Orden...)
- Stil – zu viele Wiederholungen, ständiges „es" nervt
- gibt es einen Sprung in der Erzählperspektive?
- was soll die Stelle mit der bombardierten Stadt? / Rede bei der Feier?
- wie passt das Ende zum Rest der Geschichte?

Lassen sich Gemeinsamkeiten mit Ihren Leseerfahrungen feststellen? Formulieren Sie sie aus und halten Sie auch Abweichungen fest. Falls sich aus Ihrer Erstrezeption bereits eine Struktur für die weitere Bearbeitung des Textes ergibt, halten Sie dies schriftlich fest (sie kann Ihnen als Vorlage für die Textanalyse dienen).

Die Textanalyse

Im ersten Schritt einer Textanalyse ist es sinnvoll, sich der Thematik des Gesamttextes und der Handlung zu vergewissern.

Halten Sie in Stichworten fest, was für Sie das Hauptthema des Buches ist, was den „Gehalt" der Erzählung ausmacht:

- *Die Geschichte eines bewussten Rückzugs in die Kindheit*
- *Das Leiden eines Kindes*
- *...*

Ergänzen Sie diese Liste.

Der Aufbau

Im nächsten Schritt soll der Aufbau des Textes genauer untersucht werden. Die Erzählung ist in auffallend viele (rund 100) Einzelabschnitte untergliedert.

Versuchen Sie, die einzelnen Textpassagen zu größeren inhaltlichen Einheiten zusammenzufassen. Als hilfreich erweist sich bei der Lösung dieser Aufgabe eine Übersicht wie die nachstehende:

Seite	Inhaltliche Sinnabschnitte
5– 6	Polizei findet das Mädchen → Kinderheim
6–10	Erster Eindruck des Heimes
10–15	Schule und Unterricht
...	
...	
...	
...	
63–65	Städtisches Krankenhaus

Arbeiten Sie anschließend heraus, wo die „Wendepunkte" des Geschehens liegen. Was sagt die beigefügte Skizze über die Aufbaustruktur der Erzählung aus?

Bezüglich der **Wendepunkte** (= ○) fällt auf, dass sich das Geschehen um das Mädchen herum dramatisch mit der Kenntnis der Namen der anderen Kinder verändert. Was könnte die Ursache dafür sein?

Lesen Sie die entsprechende Passage ab Seite 38 nach.

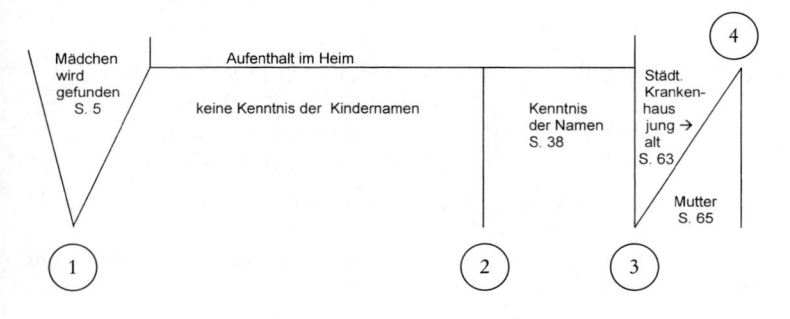

Mädchen wird gefunden S. 5	Aufenthalt im Heim		Städt. Krankenhaus jung → alt S. 63
	keine Kenntnis der Kindernamen	Kenntnis der Namen S. 38	Mutter S. 65

(1) (2) (3) (4)

Die Zeitgestaltung

Um die Komposition der Erzählung genauer zu erfassen, ist es nützlich, sich das Verhältnis von erzählter Zeit und Erzählzeit, von Zeitraffung, zeitdeckendem Erzählen und Zeitdehnung zu verdeutlichen.

Welche Art der Zeitgestaltung überwiegt im vorliegenden Werk? Überprüfen Sie dies anhand der Sinnabschnitte in der Tabelle. Suchen Sie Beispiele für die entsprechenden Erzähltechniken. Ebenso sollten etwaige Zeitsprünge, Vorausdeutungen und Rückblenden festgehalten werden.

In Bezug auf die erzählte Zeit bietet die vorliegende Erzählung eine Besonderheit. Gemeinhin konzipiert der Autor oder die Autorin (und das ist die Regel in klassischen Texten) den Text so, dass das innere Befinden des Protagonisten mit dem Wetter parallel läuft.

Untersuchen Sie die Geschichte vom alten Kind hinsichtlich dieses Phänomens. Tragen Sie dafür die Handlung der erzählten Zeit oberhalb des Zeitstrahls ein und das jeweilige Wetter zum entsprechenden Zeitpunkt unterhalb der Linie. Welches Ergebnis lässt sich dokumentieren und was sagt es über die Intention der Autorin aus?

Ins Heim (S. 5f.)	Besuch der Mutter im Krankenhaus (S. 65)
Herbst (S. 6)	Frühjahr (S. 59)

Was sagt der Zeitstrahl über die Dauer der erzählten Zeit aus? Stimmt das mit dem Text belegte Resultat mit Ihrem eigenen „Gefühl" überein?

Die Personenkonstellation und Personencharakteristik

Im Zentrum der Erzählung und der Personenbeziehungen steht das Mädchen, sodass es nahe liegt, sich zuerst ein genaues Bild über die **Protagonistin** zu verschaffen.

Erstellen Sie ein Personenporträt des Mädchens. Beginnen Sie mit S. 5 und sammeln Sie zunächst äußere Merkmale. Anschließend fügen Sie die Eigenschaften des Mädchens hinzu.

Äußere Merkmale: namenlos; leerer Eimer; 14 Jahre; fleckiges, mondartiges Gesicht; breite Schultern; ...

Innere Eigenschaften: ordnungsliebend; friert meistens; schamhaft; reiht sich gerne in bestehende Hierarchie ein; ...

Veranschaulichen Sie Ihre Ergebnisse, indem Sie abwechselnd vor der Gruppe eine Rollenbiographie des Mädchens spielen.
Variation: Fertigen Sie nach den Vorgaben des Buches eine Zeichnung des Mädchens an.

Für die Entwicklung des Mädchens spielt die Unterscheidung zwischen dem „alten Leben" und dem „neuen Leben" (S. 11) offensichtlich eine gravierende Rolle. Vervollständigen Sie die Tabelle:

altes Leben	neues Leben
leerer Eimer (5, 49)	steht nicht alleine und „leer" da
völlige Bewegungsfreiheit	eingezäunter Bereich – Heim
Unordnung	Ordnung – geregelter Ablauf
Unsicherheit – Chaos	Sicherheit, Einzäunung, Tor
	Sicherheits- und Brandverordnung
Schmutz und Dreck	Sauberkeit und Reinheit
keine Wärme (30)	Kollektivbewusstsein - „Glück" im Heim
Erfahrung mit Lehrern (12,37)	Lehrer zeigen Geduld, keine Beschimpfung oder Bestrafung
„Klagelaut" des Eimers steht für den Zustand der Seele (8)	zum Teil Glückseligkeit
Wecken (51)	Weckdienst
Verhältnis Mutter-Tochter schlecht	Briefe AN MICH (58)
Hunger und Durst (58)	kein physischer Hunger und Durst
leidendes „Ich" (S. 15, 18)	Angst, nicht „normal" zu sein
schlechte Schulerfahrungen	negative Schulträume
negative sexuelle Erfahrung (S.16, 27, 44, 49, 55)	„unter den Rock greifen"/ Menstruation

Erörtern Sie, wie sich diese Unterteilung des Lebens in ein altes und neues auf die Interpretation der Figur des Mädchens auswirkt.
Wie sehen Sie das Mädchen, nachdem es plötzlich die Namen der Mitschülerinnen und Kameraden kennt? Wie verändert es sich?

Hausaufgabe:
Beschreiben Sie in einem Aufsatz die Entwicklungsstufen des Mädchens im Heim.

Während das Mädchen für sich sein Leben in ein altes und neues einteilt, wird es gleichzeitig von den Menschen im Heim charakterisiert. Es wird mit vielen unterschiedlichen Namen belegt.

Sammeln Sie sämtliche Begriffe, mit denen das Mädchen im Text charakterisiert wird und ordnen Sie diese zu aussagefähigen Gruppen um das Bild herum an. Geben Sie jeder Gruppe einen Oberbegriff. Halten Sie genau fest, von wem das Mädchen wie benannt wird und notieren Sie die entsprechenden Seitenzahlen.

Hier einige Beispiele:

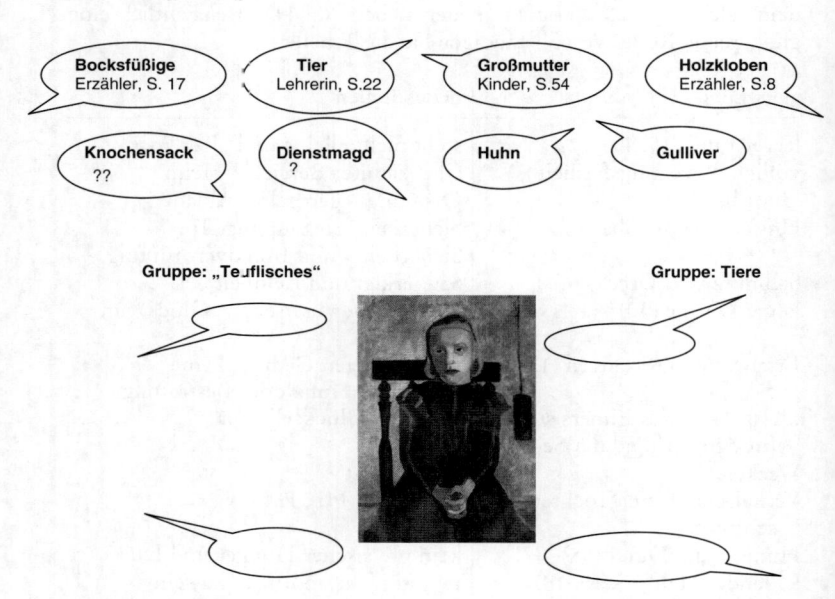

- **Bocksfüßige** Erzähler, S. 17
- **Tier** Lehrerin, S.22
- **Großmutter** Kinder, S.54
- **Holzkloben** Erzähler, S.8
- **Knochensack** ??
- **Dienstmagd** ?
- **Huhn**
- **Gulliver**

Gruppe: „Teuflisches" **Gruppe: Tiere**

Die erwachsene Frau, die sich als Mädchen ausgibt, verändert ihr gesamtes äußeres Umfeld. Auffallend ist jedoch, dass sie in ihrem neuen Leben bewusst auf die Möglichkeit verzichtet, sich frei bewegen sowie den Ort jederzeit wechseln zu können, und sich in ein geschlossenes Heim begibt.

Gruppenarbeit:
Arbeiten Sie heraus, wie das Mädchen das Heim sieht (S. 6–12) und wie es sich dort fühlt

Vergleichen Sie Ihre Ausarbeitung mit den nachfolgenden Textauszügen und diskutieren Sie das Ergebnis.

Die Geschichte von Lisa spielt in den 30er-Jahren des 20. Jahrhunderts.

Im Schlafsaal gebärden sich die Mädchen wie toll. Auch Lisa. Gemeinsam mit Elfriede und Anna liefert sie sich eine erbitterte Kissenschlacht, derweil die anderen Mädchen Fangen oder Verstecken spielen oder die Zigarrenkisten und Spanschachteln mit den geheimen Schätzen aus den Verstecken hervorholen. Murmeln, Legosteine, Glanzbilder, Brausetüten und Kaugummikugeln werden untereinander getauscht. […]
Von einer Sekunde auf die andere ist der Spaß vorbei. Die Mädchen springen in die Betten, ziehen die Plumeaus ans Kinn, pressen die Arme,

über den Plumeaus, seitlich an die Körper, schließen die Augen, tun, als würden sie bereits seit Stunden schlafen. Marion löscht das Deckenlicht, und Tante Johanna betritt den Schlafsaal. Sie schaltet die Taschenlampe ein, durchquert den Hauptgang und geht von Bett zu Bett, leuchtet jedem Mädchen mit der Taschenlampe in das Gesicht. Wehe die Augenlider zittern oder zucken ein einziges Mal.
Die Mädchen atmen ruhig und entspannt. Hier und da murmelt oder stöhnt ein Mädchen im hellwachen Schlaf. Elfriede murmelt. Ihr fehlt es noch an Übung. Lisa betet zur Jungfrau Maria voller Gnaden, dass Elfriede nicht mit den Augenlidern zittert, und falls doch, dass Tante Johanna, dieses eine Mal, Gnade vor Recht ergehen lässt, weil Elfriede neu ist. Maria hilft. Der Strahl der Taschenlampe scheint Lisa ins Gesicht. Sie zuckt nicht mit der Wimper. Jahrelange Übung. Sie schmatzt und lächelt sogar. Das macht sie im Schlaf.
Nur Anna kann die Augenlider nicht ruhig halten. Tante Johanna schaut sich das eine Weile an. Dann schlägt sie das Plumeau zurück. Anna reißt die Augen auf und die Arme hoch, um den Kopf vor den Hieben zu schützen. Tante Johanna schlägt Anna nicht. Tante Johanna zieht Anna an den Ohren aus dem Bett, befiehlt ihr, in der Ecke zu stehen. Eine halbe Stunde. Danach wird Anna schlafen wie ein Murmeltier. Bis zum Ablauf der halben Stunde, auf die Sekunde genau, wird Tante Johanna im Schlafsaal der Mädchen auf dem einzigen Stuhl sitzen und Jerry Cotton lesen.

Birgit Bauer: Im Federhaus der Zeit. München, DVA 2003, S. 64–66

Die Geschichte des 15-jährigen Marko, der in ein Internat in der Nähe von Kevelaer geschickt wird, spielt etwa 1975.

„Nun", sagte Schwester Gemeinnutz, „wir wollen heute abend einmal jemanden zur Wahrheitserforschung in den Stuhlkreis holen, der Glück gehabt hat. Der für sehr kurze Zeit Glück gehabt hat! Marko hat heute morgen gedacht, sein Versäumnis bleibt unentdeckt. Du weißt, wovon ich spreche. Sieh mich an, Marko! Sieh die *Gruppe* an!"
Ich hob den Kopf und sah Schwester Gemeinnutz an. Das war schlimm genug. Aber die Gruppe konnte ich nicht ansehen. Ich weiß nicht, ob die Gruppe *mich* ansah. Wahrscheinlich. Aber ich sagte mir, es gibt immer ein paar, die bei öffentlichen Hinrichtungen wegschauen, und das tröstete mich. Es gibt immer ein paar, die genug damit haben, wenn sie den abgetrennten Kopf fallen hören.
Ich musste mich in die Mitte des Stuhlkreises setzen, und Schwester Gemeinnutz begann, über mein Versäumnis zu sprechen. Ich fühlte mich in der Mitte wie ein winziges Insekt unter einem Mikroskop, wo jeder mal reingucken darf, und immer wieder ahnte ich irgendein großes Auge, das neugierig auf mich herunterschaute, bis das Auge verschwand und kurz darauf ein anderes Auge erschien. Zehn, zwanzig, vierzig

Augen, was weiß ich. Sehr viele Augen. Schwester Gemeinnutz nahm sich Zeit. Erst macht sie eine kleine Einleitung und erklärte noch einmal, warum sie wollte, dass wir im Unterricht keine Nietenhosen tragen. Generell wären Nietenhosen keine ernsthafte Kleidung, sondern eine Art Lumpen aus Nordamerika, sagte sie. Sie wären nur praktisch. Man könnte sie oft waschen, genau wie die verlausten Lumpen der Armen. In Brasilien hätte sie sehr viele Lumpen gesehen, sagte sie.
Dann wandte sie sich mir zu und analysierte mein Versäumnis. Der Augenblick, in dem ich mich entschieden hatte, *sitzen zu bleiben*, statt nach oben zu gehen und die Nietenhose abzulegen, dieser Augenblick sei entscheidend gewesen und müsse genau untersucht werden. Und sie untersuchte ihn. Sie spielte die Einzelheiten meiner Situation Sekunde für Sekunde nach wie ein verdammtes Theaterstück und erklärte uns, was in meiner Seele dabei vorgegangen war, wo ich etwas versäumt, vergessen, verpasst, übersehen, wo ich gefehlt und gesündigt hatte. So half sie mir, *die Wahrheit zu erforschen*. Es muss alles ans Licht des Herrn, sagte sie.

Paul Ingendaay: Warum du mich verlassen hast.
München, Schirmer Graf 2006, S. 142f.

Am Ende der Erzählung *Geschichte vom alten Kind* stellt sich heraus, dass es sich in Wirklichkeit um eine etwa dreißigjährige Frau handelt.

Unterrichtsgespräch:
Diskutieren Sie, wie überraschend für jeden Einzelnen von Ihnen die Wende vom Kind zur Frau gewesen ist.
Prüfen Sie anschließend anhand des Textes nach, wann und wo die Autorin bereits gezielte Hinweise gibt, dass es sich um eine erwachsene Frau handeln soll. Beginnen Sie mit S. 5, 7 und 8. Suchen Sie den Text in Gruppenarbeit systematisch nach entsprechenden Hinweisen durch.

Nachdem die Hauptperson in wesentlichen Zügen charakterisiert worden ist, muss ihr Verhältnis zu den anderen Personen untersucht werden.

Fertigen Sie dazu eine Skizze mit allen Personen an und vergleichen Sie sie mit der nachfolgenden Abbildung.
Was verrät die Skizze über die Beziehungen zwischen den einzelnen Personen?

Gruppen-oder Partnerarbeit:
Analysieren Sie detailliert, wie sich das Mädchen der Gruppe der Lehrer bzw. der Schülergruppe gegenüber verhält. Beginnen Sie mit S. 10ff.
Welche Besonderheiten oder Unterschiede lassen sich innerhalb der jeweiligen Gruppe ausmachen?

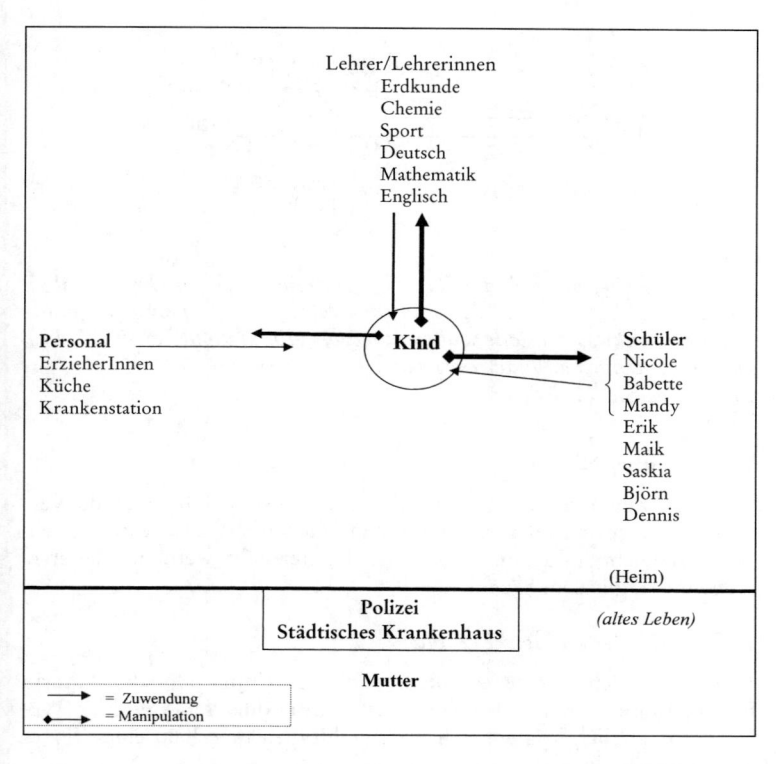

```
                    Lehrer/Lehrerinnen
                         Erdkunde
                         Chemie
                         Sport
                         Deutsch
                         Mathematik
                         Englisch
                            ↕
  Personal          →    ┌──────┐    →     Schüler
  ErzieherInnen          │ Kind │        ┌ Nicole
  Küche                  └──────┘        │ Babette
  Krankenstation            ←            └ Mandy
                                           Erik
                                           Maik
                                           Saskia
                                           Björn
                                           Dennis

                                        (Heim)
  ─────────────────────────────────────────────
           Polizei
      Städtisches Krankenhaus       (altes Leben)
  ─────────────────────────────────────────────
              Mutter

  ──→ = Zuwendung
  ♦─→ = Manipulation
```

Auf S. 12 wird von der einen und der anderen Seite des Diagramms gesprochen. Verknüpfen Sie diese Aussage mit den Gedanken des Mädchens auf S. 37, Z. 16 ff. Welche Schlüsse lassen sich hieraus ziehen?

Zunächst sieht das Mädchen die Schüler als eine Art Masse an, bis ihm plötzlich, in Zusammenhang mit dem Diebstahl Björns, die Namen der einzelnen Mitschüler und Mitschülerinnen einfallen.

Betrachten Sie die Veranschaulichung dieser Situation anhand der zwei Schaubilder.

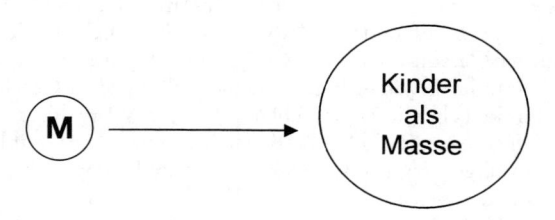

(M) ⟶ (Kinder als Masse)

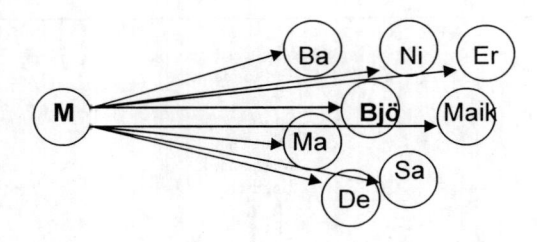

Überprüfen Sie, wie sich die Sätze: „[...] diese Furcht, nicht normal zu scheinen [...]" (S. 32, Z. 31) und, das Mädchen „[...] will ja gerade nichts, es will das, was alle wollen, aber das gibt es nicht" (S. 57, Z. 4 f.), zu den beiden Schaubildern verhalten.
Begründen Sie das Ergebnis!

Das Erzählverfahren

Nach der Zeitgestaltung und der Personenkonstellation sollen die verschiedenen Formen der erzählerischen Wiedergabe des Textes als ein weiteres wichtiges Kompositionsmittel untersucht werden. Das erste Augenmerk gilt dem Erzähler.

1. Der Erzähler und sein Erzählen

Um eine Geschichte zu erzählen, wählt der Autor oder die Autorin eine bestimmte Erzählform, entweder den **Er- oder Ich-Erzähler**-Typ; selbstverständlich können sich die Erzähltypen innerhalb eines Textes auch abwechseln.

Belegen Sie anhand exemplarischer Stellen (z. B. S. 5 f., 14 f., 31), für welchen Erzähler-Typ Jenny Erpenbeck sich entschieden hat. Wenn die Autorin den Erzählertyp wechselt, welche Intention könnte sie dafür gehabt haben?
Erörtern Sie, warum die Autorin diese Geschichte nicht vom „alten Kind" selbst hat erzählen lassen. Schreiben Sie zur Probe den „Sturz in die Jauchegrube" S. 42 in eine Ich-Erzählung um. Vergleichen Sie danach beide Formen bezüglich ihrer Wirkung miteinander.

Als nächstes gilt es zu überprüfen, welches **Erzählverhalten** der Erzähler an den Tag legt. Ist es auktorial (allwissend), personal, aus der Sicht einer bestimmten Person oder auch wechselnder Figuren heraus, oder neutral, das heißt, der Erzähler bezieht keine Stellung zum Geschehen? Mit diesem Punkt geht die entsprechende Sicht des Erzählers einher. Handelt es sich um **Innen- oder Außensicht**, kennt der Erzähler die Gefühle der jeweiligen Figur oder berichtet er lediglich, was von außen für jedermann erkennbar ist?

Um diese Frage hinsichtlich des Textes beantworten zu können, vergleichen Sie den Anfang der Erzählung (S. 5) mit dem ersten Eindruck des Mädchens vom Heim (S. 7f.). Versuchen Sie, die Entscheidung der Autorin für das jeweilige Erzählverhalten und die erzählerische Sicht zu begründen.

Sehr wichtig für die genaue Bestimmung des Erzählers ist die **Nähe** beziehungsweise die **Distanz des Erzählers** zu dem Geschehen. Gefragt wird in diesem Zusammenhang nach der zeitlichen und räumlichen Entfernung des Erzählers zur Handlung. „Schwebt" der Erzähler über dem Geschehen, hat er einen „olympischen Blick" oder befindet er sich mitten unter seinen Figuren?

Überprüfen Sie diese Frage anhand der Textstellen auf Seite 12 und 58 f.

Um die Untersuchung des Erzählers abzurunden, wird nun seine **Erzählhaltung** genauer betrachtet. Nimmt der Erzähler eine bejahende (affirmative), neutrale oder eher ablehnende Haltung dem Geschehen oder den Figuren gegenüber ein?

Lesen Sie hierfür noch einmal die Passagen auf Seite 27–29 und Seite 63 nach und vergleichen und überlegen Sie, ob diese Textstellen charakteristisch für die gesamte Erzählung sind.

Nach der Bestimmung des Erzählers (**wer** erzählt?) muss die Frage nach der Art und Weise seines Erzählens (**wie** erzählt der Erzähler?) gestellt werden. Berichtet er ausschließlich selbst oder lässt er die anderen Figuren des Textes ebenfalls zu Wort kommen? Hier bieten sich der Dialog, die indirekte Rede sowie der innere Monolog an.
In den Erzähltext von Erpenbeck sind analog zu dem Geschehen in einem Internat immer wieder Szenen eingebaut, die die stattgefundenen Dialoge nur indirekt wiedergeben.

Stellen Sie derartige Beispiele zusammen und erörtern Sie, warum diese Dialoge „unterdrückt" werden. Formen Sie die kurze Passage auf S. 27 Mitte in einen Dialog um und vergleichen Sie beide Erzählweisen.
Es gibt im Fortlauf der Erzählung auch Passagen, in denen sich eindeutig das Mädchen zu Wort meldet (vgl. z. B. S. 20 und 26).
Wo und in welchem Kontext finden sich weitere derartige Stellen eines inneren Monologs? Begründen Sie die Entscheidung der Autorin.
Erörtern Sie abschließend, welche Wirkung die Uneinheitlichkeit des Erzählverfahrens auf den Leser oder die Leserin beziehungsweise auf Ihre eigene Rezeption hat und gehabt hat.

2. Sprachliche Mittel

Nach der Untersuchung des Erzählers sollen im Folgenden die Wortwahl und der Stil des Werkes näher betrachtet werden.

Der Stil

Hinsichtlich des Stils unterscheidet man beispielsweise in einen gehobenen, umgangssprachlichen, vulgären, sachlichen, ausschmückenden, oder auch bildhaften Stil.

Wie würden Sie den Stil der Erzählung bezeichnen? Lesen Sie dazu die Textpassagen auf Seite 8f. und 64–65 durch.

Partnerarbeit:
Untersuchen Sie die Passagen auf Seite 10–11 und 45–46. Wie verfährt die Autorin bezüglich des Satzbaus? Was lässt sich über den Wortschatz des Erzählers sagen? Wie stufen Sie den Variantenreichtum des Erzählers hinsichtlich der verwendeten Wörter ein?
Geben Sie eine Begründung für Jenny Erpenbecks Entscheidung. Diskutieren Sie, inwieweit sich die sprachlichen Mittel auf die Intention der Autorin auswirken.

Symbole und Leitmotive

Für die Wirkung eines epischen Textes sind neben den oben genannten stilistischen Mitteln Symbole und Leitmotive verantwortlich. Die *Geschichte vom alten Kind* enthält eine Vielzahl von Symbolen aus den unterschiedlichsten Bereichen.

Sammeln Sie an der Tafel möglichst viele Symbole des Textes.

Beispiele:

Eimer	Ordnung	Spiegel	Gulliver
Leere	Rotkäppchen	Schnee	7 Todsünden
altes Kind	Absolution		

Lassen sich die Symbole zu Gruppen mit einem Oberbegriff zusammenfassen? Was können Sie über das Verhältnis der Obergruppen zueinander sagen? Welche Möglichkeiten der Interpretation eröffnen diese Symbolgruppen?

Am Ende dieser Untersuchung soll an einem Beispiel vorgeführt werden, wie gezielt Jenny Erpenbeck die sprachlichen Mittel für ihre Erzählung genutzt hat.

Der erste Satz der *Geschichte vom alten Kind* lautet:

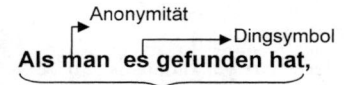

Anonymität → Dingsymbol
Als man es gefunden hat,

Motiv: „Findelkind"

→ Wiederholung Dingsymbol
stand es des Nachts auf der Straße,

Motiv: Einsamkeit

→ Motiv: Einsamkeit → verstärkt
mit einem leeren Eimer in der Hand,

Symbol: Spielzeug, Sandkasten, Kindsein → Leitmotiv

auf einer Geschäftsstraße,

Gegensatz zur Einsamkeit → Einsamkeit des Kindes hervorgehoben

und hat nichts gesagt.

Motiv: Stummheit → Gegensatz zur belebten Geschäftsstraße

Ein solcher Einstieg in die Erzählung verdeutlicht, wie klar der Text durchkomponiert ist und das Mädchen sowie seine Situation bereits mit dem ersten Satz eindeutig charakterisiert und festgelegt sind.

Hinsichtlich der sprachlichen Gestaltung ist es interessant, welchen **Titel** die Autorin dem Werk gegeben hat.

Wie interpretieren Sie den Titel: „Geschichte vom alten Kind"?
Definieren Sie den Begriff „Geschichte".
Ersetzen Sie den Ausdruck „Geschichte" durch „Erzählung", „Roman" „Bericht", „Novelle", „ Parabel" und „Märchen".
Beachten Sie bei dem Ausdruck „Märchen", dass im Buch von mehreren Märchen die Rede ist. Schlagen Sie die einzelnen Textpassagen noch einmal nach. Beginnen Sie mit S. 10, Z. 39. Lesen Sie die einschlägigen Märchen nach und versuchen Sie, diese für Ihre Interpretation zu nutzen.
Ziehen Sie am Ende dieses Untersuchungsabschnittes ein Resümee: Welche Bezeichnung (Parabel, Novelle, Märchen, Bericht, Geschichte, Roman oder Erzählung) den Gehalt des Textes Ihrer Meinung nach am besten trifft?

Lesarten des Textes

Die historische Lesart

Zwei Tage lang wird eine Stadt bombardiert; darüber hinaus ist im Text (S. 52 f.) von einem Feuer die Rede. Diese Schilderung zielt auf die Stadt Dresden im Jahre 1945.

Referat/Einzelarbeit:
Erarbeiten Sie in einem Kurzreferat die historischen Zusammenhänge und die Folgen der Stadtzerstörung. Sammeln Sie auch Bildmaterial dazu.

Überlegen Sie, wie die Geschichte vom alten Kind vor diesem Hintergrund zu interpretieren ist. Welchen Hinweis bekommt der Leser in Bezug auf das Alter des Kindes? Gehen Sie bei Ihren Überlegungen von Seite 64, Z. 26 aus. Nehmen Sie danach die Seiten 21, Z. 31 ff. und 22, Z. 29 ff. hinzu. Interpretieren Sie im Anschluss daran die Seiten 52–53 und gehen Sie besonders auf das Verhalten des Mädchens während der Rede im Heim ein.

Versuchen Sie im Folgenden Ihre Erkenntnisse mit weiteren Textstellen zu belegen. Schauen Sie sich dazu noch einmal genau die Beschreibung des Eimers auf Seite 8 an sowie auf Seite 58 die Aussagen über die Schrift des Mädchens. Vergleichen Sie die Beschreibung seiner Schrift mit der nachfolgenden.

Der Reichsführer ℋ︎
und
Chef der Deutschen Polizei
im Reichsministerium des Innern

Berlin, den 28. Oktober 1939

ℋ︎=Befehl
für die gesamte ℋ︎ und Polizei

Jeder Krieg ist ein Aderlaß des besten Blutes. Mancher Sieg der Waffen war für ein Volk zugleich eine vernichtende Niederlage seiner Lebenskraft und seines Blutes. Hierbei ist der leider notwendige Tod der besten Männer, so betrauernswert er ist, noch nicht das Schlimmste. Viel schlimmer ist das Fehlen der während des Krieges von den Lebenden und der nach dem Krieg von den Toten nicht gezeugten Kinder.

Schmitz-Köster, Dorothee: Deutsche Mutter, bist du bereit. Aufbau 2004, S. 47.

Kombinieren Sie Ihre Ergebnisse miteinander.
Diskutieren Sie nun im Plenum, welche Folgen es für eine Person hat, wenn nicht ihr Name genannt wird, sondern sie, wie das Mädchen in der Erzählung, „eine Nummer" darstellt.
Welche Assoziationen ruft die Nummerierung in dieser Zeit bei Ihnen hervor?
Lesen Sie noch einmal die Stellen auf Seite 8, Z. 39. und S. 24 f. nach.

Gegen diese historische Lesart sprechen nur scheinbar die „modernen" Vornamen der Kinder, wie Maik, Saskia oder Mandy. Es handelt sich hierbei bewusst um nicht-deutsche und nicht-christliche Vornamen. Sie stammen vor allem aus dem amerikanischen und englischen sowie aus dem nordischen Sprachbereich. Diese Vornamen erfreuten sich bereits kurz nach Ende des Zweiten Weltkrieges, und hier besonders in der dann entstehenden DDR, einer großen Beliebtheit.
(Vgl. Gerhards, Jürgen: Die Moderne und ihre Vornamen. S.128).

Die Zeitparabel

Unabhängig davon, in welcher historischen Zeit die Geschichte spielt, ist festzuhalten, dass sich eine Frau wieder in ein Kind „zurückverwandelt". Sie versetzt sich noch einmal in die bereits vergangene Kindheitsphase. Aus diesem Grund haben einige Rezensenten den Text als Zeitparabel interpretiert.

Informieren Sie sich, was literarisch unter einer „Parabel" verstanden wird. Bearbeiten Sie die nachfolgende Rezension im Hinblick auf das Problem der Zeitparabel. Vergleichen Sie die Ergebnisse der Rezension mit Ihren eigenen Leseeindrücken. Suchen sie den Grund, warum die Frau die Zeit zurückdrehen will.

Die verlorene Tochter
Jenny Erpenbeck debütiert mit einer Parabel über die ewige Kindheit

Ein Mädchen, „ganz und gar Waise", steht nachts allein auf der Straße. Der Eimer, den es in der Hand hält, ist seine einzige Habe – er ist leer wie jene Stelle im Kopf, „wo bei den anderen eine Meinung sitzt".
[...]
Die Erzählerin selbst möchte als namenloses „Mädchen" wie „vom Mond gefallen" sein. Und die Dinge neu erfinden.
Vielleicht rührt daher die seltsame Euphorie, mit der die Heldin die eigenen Defizite bejaht: den ungeschlachten Körper mit Rotznase, das Versagen im Englischunterricht, die tölpelhaften Bewegungen beim Ballspiel, die linkischen Seitenblicke auf alles Erotische, das ewige Kränkeln und Nicht-Mitkommen. Das „Mädchen" ist unter allen Heimkindern „das schwächste", und diese Schwäche, nicht „verwendbar" zu sein, macht es in Wahrheit stark. Statt die literaturüblichen Zöglingsverwirrungen auf dem Schulhof und im Schlafraum bloß zu erleiden, genießt es geradezu die „Gnade, aufgegeben worden zu sein".
Warum bloß? Der unterste Platz in der Hierarchie der Anstalt ist unangefochten – gesichert durch „Unfähigkeit", nicht, wie die höheren Ränge, durch irgendeine „Tauglichkeit", die jederzeit in Frage gestellt werden kann. Das Mädchen „beneidet keinen von denen, die das Gelände" am Wochenende verlassen dürfen, „denn es weiß ja, wie es draußen zugeht: Man steht mit einem leeren Eimer auf einer Geschäftsstraße und wartet".
Noch sicherer als der Aufenthalt im Kinderheim ist das Ausharren im Krankenbett. Wo das Mädchen denn auch landet – in einem dramatischen Finale.
Die Parabel vom Kind, das sich nicht nur der Welt und ihren Erfolgsmaßstäben entziehen will, sondern auch der Zeit – dem Älterwerden –, endet mit einer Überraschung, [...].
Gewiss liegt es bei dieser Autorin nahe, das Kinderheim als Bild für die geschlossene Gesellschaft der DDR zu deuten. Und die trotzige Weltflucht des Mädchens als typisch ostdeutsches Verhaltensmuster nach der Wende.
Wichtiger ist: Das Buch greift auf ein klassisches Verweigerungsmotiv zurück – von Kaspar Hauser, dem geheimnisvollen Naturkind, bis zu Peter Pan, der aus dem märchenhaften „Niemalsland" stammt und nicht erwachsen werden will.
Doch diesen Rückgriff entfaltet Erpenbeck in bildlich prägnanten, anrührenden, originellen Szenen und mit einer erstaunlichen Sprachdisziplin. [...].

Mathias Schreiber: Spiegel 11. 10. 1999

Die politische Parabel

Neben der Möglichkeit, die *Geschichte vom alten Kind* als Zeitparabel zu deuten, gibt es Rezensionen, die in der Erzählung eine politische Parabel sehen.

Analysieren Sie die folgende Rezension unter dem Blickwinkel der Politik.

Der Knochensack
Der armselige Findling weiß angeblich nicht, wie er heißt, woher er gekommen ist, wohin er nun geht.

Was zunächst wie eine Variation des schon vielfach adaptierten Märchens von Kaspar Hauser anmutet, entpuppt sich als eine raffinierte Parabel auf die Orientierungslosigkeit und Weigerung des Einzelnen, erwachsen werden zu wollen und im Strom der jüngsten deutschen Jahre mitzuschwimmen. Mit leeren Händen gleichsam aus der untergegangenen Osthälfte der Nation gekommen, lehnt das Individuum es ab, in die vereinigte Zukunft hinauszulaufen. Der Verweigerungshaltung des in ein Waisenhaus eingelieferten Mädchens entspricht dessen Gleichmut gegenüber Mitschülern und Lehrern, die mit dem gesichtslosen und geschichtslosen Wesen nur ratlosen Umgang pflegen. Kollektives Eingesperrtsein macht es genauso krank wie die Aussicht auf schieren Individualismus. Ehe das seltsam dicke Mädchen – für die Ärzte ein einziger „Knochensack" – seine wahre Nicht-Identität preisgibt, führt es seine nicht weniger verstörte Umwelt gleichwohl an der Nase herum. Die Erzählung ist auch ein kleiner Schelmenroman.

Das Prosadebüt [...] hält noch viele andere Interpretationsmöglichkeiten bereit. Die schmale, in einem betont lakonischen Tonfall gehaltene und durchaus irritierende Erzählung gehört zum Interessantesten, was es derzeit an junger deutscher Literatur zu lesen gibt. [...]

Hajo Steinert: DIE ZEIT, 14. 10. 1999

Schauen Sie sich auch die erste Rezension noch einmal unter dem Aspekt der Politik an. Bilden Sie sich begründet eine eigene Meinung.

Diskussion:
Überlegen Sie gemeinsam, welche Argumente für und wider eine politische Deutung im Sinne der beiden Rezensenten sprechen.
Wo finden sich im Text Hinweise darauf, wann genau die Geschichte spielt (außer Dresden)? Welche Anhaltspunkte nennen die Rezensenten für ihre jeweilige Annahme, dass es sich um die DDR bzw. um die Zeit direkt nach der Wende handelt?
Wie ordnen Sie in Ihre eigenen Ergebnisse die Antwort Jenny Erpenbecks (J. E.) ein, die sie in einem Interview mit Johannes Birgfeld (J. B.) gegeben hat?

J. B.: Man hat die *Geschichte vom alten Kind* als Allegorie auf das Gefühl der Verlorenheit ehemaliger DDR-Bürger in der westlich geprägten Nachwendegesellschaft gelesen. Können Sie diese Deutung nachvollziehen? Läge Ihnen ein anderes Verständnis näher?
J. E.: Ich habe versucht, die Wertung, die vom Moment der Wende an die gültige war, noch einmal probehalber umzudrehen. Unmündigkeit noch einmal euphorisch zu besingen, bevor der Versuch meines Mädchens, in die Unmündigkeit zurück zu fliehen, doch scheitert. Auch die Vision von Geborgenheit in einer Gesellschaft ist eine Vision – und das bleibt vielleicht als gedankliches Experiment im Gedächtnis.

Aus: Johannes Birgfeld: Gespräch mit Jenny Erpenbeck, 2005

Die Identitätsproblematik

Während die ersten Interpretationsversuche auf die äußere Welt der Protagonistin zielen, versucht der Ansatz der sogenannten Identitätsproblematik die in der Person liegenden Konflikte für das Handeln des Mädchens verantwortlich zu machen.

Einzelarbeit:
Informieren Sie sich über den Begriff „Identität". Lesen Sie die folgende Rezension und arbeiten Sie die Kernaussage heraus.

Der „Fall" ist sowohl eine merkwürdige Geschichte als auch eine allgemeinmenschliche Modellsituation. Zum einen geht es generell um das Zusammenleben von Menschen, das Verhalten in der Gruppe und die Rolle, die der Einzelne spielt. Die Unauffälligkeit, das Sich-Treiben-Lassen des dicken Mädchens, ihre [!] Verweigerung gegenüber den Lehrern ist ein potenziertes „In-Ruhe-Gelassen-Werden-Wollen" – ein Wunsch, der jedem zuweilen ankommt. Man fühlt sich erdrückt von der eigenen Verantwortung, der Schwere der zu lösenden Aufgaben. Augen zu, unter die Bettdecke, nicht hören, nicht sehen, nichts entscheiden – sind Fluchtreaktionen. Das Mädchen beherrscht sie perfekt. Der Preis ist die Nicht-Achtung der anderen, das Getreten-Werden.
Ein Buch, das viel über die Schwierigkeiten menschlicher Gemeinschaften sagt. Über Fremdsein und Kindsein. Überforderung und Einordnung. Der Schluss offenbart das Verhalten des angeblichen Kindes als die schwere psychische Krankheit einer Erwachsenen, und auch das gibt natürlich zu denken.

Christel Berger: Berliner LeseZeichen, Ausgabe 10/00
© Edition Luisenstadt, 2000. Eine Rezension
http://www.luise-berlin.de/Lesezei/Blz00_10/text14.html

Um die Gründe für die Identitätsproblematik herauszuarbeiten, rufen Sie sich zunächst noch einmal die historischen Fakten in Erinnerung. Lesen Sie ebenfalls die die Passage auf S. 26, Z. 23-26.

Listen Sie anschließend die Vor- und Nachteile auf, die sich für einen Erwachsenen ergeben, der sich freiwillig in ein Heim und speziell in ein Kinderheim begibt.

Einzelarbeit:
Das Mädchen notiert in sein Tagebuch, welche Dinge im Heim vorteilhafter sind als in seinem alten Leben. Nehmen Sie als Ausgangspunkt für Ihre Bearbeitung die Stellen auf S. 6, Z. 38 bis S. 7, Z. 15.

Identitätsprobleme entstehen während der Entwicklung eines Menschen; häufig sind derartige Störungen auf negative Erlebnisse oder Traumata in der Kindheit, der Pubertät und der sexuellen Reifung zurückzuführen.

Lesen Sie, um diese Hypothese zu überprüfen, die Seiten 8, S. 14, Z. 20f., S. 15, Z. 40–S. 16, Z. 12, S. 18, Z. 13f., S. 20, Z. 1–7, S. 27, Z. 8f., S. 29, Z. 18f., S. 44, Z. 8f., S. 49, S. 55 und S. 58.
Suchen Sie nach weiteren Belegstellen im Text.

Neben diesen äußeren und inneren Faktoren, die das Mädchen beeinflussen, wird hinsichtlich der körperlichen Konstitution der Vierzehnjährigen immer wieder auf die Anfälligkeit für Verkühlungen, den chronischen Schnupfen (z. B. S. 27, 30, 36, 45, Z. 4f.), der sich als Leitmotiv durch den Text zieht, und die „Fresssucht", verbunden mit Ekel, angespielt.

Welche Schlüsse lassen sich aus diesen Anhaltspunkten ziehen? Welchen Beitrag leisten die Ergebnisse bezüglich des Identitätsproblems?
Arbeiten Sie in Ihre Resultate als letzten Gesichtspunkt die nachstehende Aussage von Jenny Erpenbeck mit ein.

„Ich denke, dass es die Flucht vor Freiheit und Chaos ist und vor der Gewalt im Leben. Davor, mit der eigenen Sexualität umgehen zu müssen und dem Kampf um Existenz und Karriere. Dass in jedem die Tendenz zur Flucht steckt."

Isabel Wirtz:
http://www.br-online.de/kultur/literatur/lesezeichen/20000109/20000109_5.html

Der Mutter-Tochter-Konflikt

In den vorangegangenen Abschnitten sind vier mögliche Interpretationsansätze vorgestellt worden. Eine fünfte Deutungsart ergibt sich durch den unvermittelten Schluss der Erzählung.
In den letzten acht Zeilen des Buches tritt plötzlich, nachdem der Leser bereits die Verwandlung des Mädchens miterlebt hat, die Mutter der Frau in Erscheinung.

Rollen Sie im Text den Mutter-Tochter-Konflikt auf, indem Sie die entsprechenden Seiten noch einmal lesen. Gehen Sie dabei von den Briefen AN MICH, S. 57 f. aus. Nehmen Sie die Stelle mit dem „Schweinehund" (S. 21, Z. 34 ff.) hinzu. Welche Erkenntnisse können Sie nun dem Text entnehmen?

Kreative Aufgabe:
Spielen Sie eine Unterhaltung zwischen Mutter und Tochter, die diese am Krankenbett führen, als der Arzt die alte Frau an das Bett der Tochter geschoben hat.

Variation:
Schreiben Sie einen solchen Dialog auf.

Gruppenarbeit:
Kombinieren Sie Ihre hier gewonnenen Ergebnisse mit denen, die Sie bei der Bearbeitung des Identitätskonfliktes gewonnen haben.
Überlegen Sie zudem, warum das Mädchen die Ordnung und die Sauberkeit im Heim so positiv sieht.

Mit dem Auftauchen der Mutter, der „die Scham [...] ins Gesicht geschrieben [steht]", gibt die Autorin der gesamten vorausgegangenen Geschichte eine völlig neue Wendung.

Erstellen Sie – ähnlich der unten aufgeführten Skizze – zwei Schaubilder:
a) wie der thematische Schwerpunkt bis S. 65, Z. 22 ist und
b) wie er sich mit den letzten Zeilen verändert.

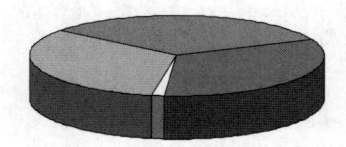

Diskussion:
Was bedeutet diese Wendung des Buches Ihrer Meinung nach für die zuvor herausgearbeiteten Lesarten?

Zur Entstehungs- und Rezeptionsgeschichte

Die Autorin hat mehrfach berichtet, wie die *Geschichte vom alten Kind* entstanden ist. Sie soll hier knapp wiedergegeben werden.
Die Großmutter von Jenny Erpenbeck hatte brieflichen Kontakt zu einer Vierzehnjährigen, die sich im Nachhinein als dreißigjährige Frau entpuppte. Die Briefe hatte die Großmutter ihrer Enkelin Jenny gegeben und diese hatte sie beiseite gelegt. Zu einem wesentlich späteren Zeitpunkt fiel der Autorin das Material wieder ein, sie versuchte vergeblich, die Briefschreiberin ausfindig zu machen. Stattdessen unternahm sie mit siebenundzwanzig Jahren einen Selbstversuch und begab sich als Erwachsene noch einmal in eine Schulklasse, ohne dass dies den Schülern oder Lehrern aufgefallen wäre.
Jenny Erpenbeck wurde mit ihrem Debüttext *Geschichte vom alten Kind* 1999 über Nacht berührt. Alle Feuilletons der großen Zeitungen, fast alle Rezensionen sowie die einschlägigen Fernsehsendungen lobten dieses Buch.
Da zum selben Zeitpunkt noch einige andere junge Frauen sehr erfolgreich ihre Erstlingsschriften veröffentlichten (Julia Franck, Judith Hermann, Felicitas Hoppe, Zoe Jenny), kreierte der Rezensent Volker Hage in der Zeitschrift „Spiegel" den Ausdruck „Fräuleinwunder-Literatur", ein Begriff, der sich bis heute gehalten hat. Johannes Birgfeld kritisiert diesbezüglich zu Recht, dass es sich bei dieser Formulierung um eine klare „Herabsetzung dieser Frauen zu „Fräuleins" handelt. (S. 187).

Die *Geschichte vom alten Kind* wurde wenige Jahre nach der Veröffentlichung für eine **Hörspielfassung** (2003) sowie eine **Bühnenfassung** umgearbeitet, die ebenfalls im Jahre 2003 am Staatstheater Kassel unter der Regie von Gundula Weimann Premiere feierte.

Darstellende Aufgabe:
Überlegen Sie, welche Stellen des Buches sich für eine szenische Darstellung eignen. Schreiben Sie das Drehbuch für eine Szene und setzen sie schauspielerisch um.

Zeittafel / Werkübersicht

1967	Jenny Erpenbeck wurde am 12. März in Berlin-Ost geboren.
1974–1975	Aufenthalt in Rom (Stiefvater war im diplomatischen Dienst)
1985–1987	Buchbinderlehre
1988–1990	Studium der Theaterwissenschaft in Berlin
1990–1994	Studium der Musiktheaterregie an der Ost-Berliner Musikhochschule „Hanns Eisler"
1999	**Geschichte vom alten Kind**
2000	*Katzen haben sieben Leben.* Theaterstück
2001	*Tand.* Erzählungen Preis der Jury beim Ingeborg-Bachmann-Wettbewerb für die Erzählung *Sibirien*
2003	*Leibesübungen einer Sünderin.* Theaterstück Bühnen- und Hörspielfassung der *Geschichte vom alten Kind*
2005	*Wörterbuch.* Roman
2006	Inselschreiberin auf Sylt
2008	*Heimsuchung.* Roman

Jenny Erpenbeck lebt in Berlin.

Literaturverzeichnis

Primärliteratur

Bauer, Birgit: Im Federhaus der Zeit. DVA 2003.
Ingendaay, Paul: Warum du mich verlassen hast. SchirmerGraf 2006.

Sekundärliteratur und Rezensionen

Bartel, Heike; Elizabeth Boa (Hrsg.): Pushing at Boundaries: Approaches to Contemporary German Women Writers from Karen Duve to Jenny Erpenbeck. Editions Rodopi B.V. 2006.
Berger, Christel: Berliner LeseZeichen, Ausgabe 10/00 © Edition Luisenstadt, 2000. Eine Rezension.
http://www.luise-berlin.de/Lesezei/Blz00_10/text14.html
Birgfeld, Johannes: Gespräch mit Jenny Erpenbeck und Kurzporträt. In: Deutsche Bücher: Forum für Literatur. 33. Jg. (2005), H. 3, S. 177–187.
Eden, Wiebke: Keine Angst vor großen Gefühlen. Fischer 2003, S. 13–32.
Gerhards, Jürgen: Die Moderne und ihre Vornamen. Eine Einladung in die Kultursoziologie. Westdeutscher Verlag 2003.
Hage, Volker: Die Enkel kommen. In: Der Spiegel, Nr. 41/1999 vom 11. 10. 1999.
Lurker, Manfred: Wörterbuch der Symbolik. Kröner 1991.
Schmitz-Köster, Dorothee: Deutsche Mutter, bist du bereit. Aufbau 2004.
Schreiber, Mathias: Die verlorene Tochter. In: Der Spiegel vom 11.10.1999.
Steinert Hajo: Der Knochensack. In: DIE ZEIT vom 14.10.1999.
Wirtz, Isabel: Geschichte vom alten Kind. In: http://www.br-online.de/kultur/literatur/lesezeichen/20000109/20000109_5.html

Notizen